Karin Bassler
Martinus Kuhlo
Peter Stoll
(Hg.)

Ethisches Investment –
Strategien für kirchliche Geldanlagen

Impressum

Ethisches Investment – Strategien für kirchliche Geldanlagen,
herausgegeben von Karin Bassler, Martinus Kuhlo, Peter Stoll

© 2001 Gesangbuchverlag Stuttgart GmbH, Stuttgart
Alle Rechte vorbehalten

ISBN 3-931895-20-3

Umschlaggestaltung: Susanne Turnbow, Evangelisches Medienhaus GmbH, Stuttgart
Gesamtherstellung: J. F. Steinkopf Druck GmbH, Stuttgart

Inhalt

Vorwort 5

Einführung 6

Die Kirchen und ethische oder sozial verantwortliche Investitionen
Karen Bloomquist 10

Ethik auf dem Börsenparkett
Wie die Grundlegungen christlicher Ethik im Investmentbanking wirksam werden
Karin Bassler und Martinus Kuhlo 20

Ethisches Investment?
Motivation, Kriterienfindung und aktueller Stand in der evangelischen Landeskirche in Württemberg
Peter Stoll 29

Motive für das Ethisches Investment der Communität Christusbruderschaft Selbitz
Sr. Mirjam Zahn 41

Ethisches Investment der Caritas Schweiz
Ernst Peter Langensand und Berti Meier 47

Ethische Investments der Schwedischen Kirche
Lars Friedner 51

Das Erfolgsgeheimnis von Oikocredit –
ein Traum und fünf Mirakel
Gert van Maanen 55

Money and the Spirit
William Michael Cunningham 65

Ethical Investment for the Methodist Church,
UK – The Central Finance Board Experience
Russel Sparkes 79

Ethische Kriterien für Geldanlagen im Bereich der
Evangelisch-methodistischen Kirche in Deutschland
Paul Gräsle 88

Ethisch motiviertes Anlageverhalten deutscher Nonprofit
Organisationen mit religiöser Zwecksetzung
Ergebnisse einer explorativen empirischen Erhebung
Henry Schäfer 96

Die Situation im Markt für Ethisches Investment in Deutschland
Ergebnisse einer repräsentativen Haushaltsbefragung
Kirein Franck 115

Nachhaltige Kapitalanlagen von der Bank Sarasin & Cie –
Umsetzung individueller Wertvorstellungen bei
attraktiver Rendite
Sonja Gebhard / Frank Wettlauffer 123

Corporate Responsibility Rating
Ein innovatives Konzept zur Förderung der Nachhaltigen
Entwicklung bei Unternehmen und auf den Finanzmärkten –
Erfahrungen einer Rating-Agentur
Robert Haßler 138

Dow Jones Sustainability-Index – der Durchbruch für
Sustainability Investitionen
Alois Flatz 149

Ethisches Investment aus Sicht einer Kirchenbank
Michael Teige 159

Autorinnen und Autoren 167

Vorwort

Ethik und Geldanlagen – passt das eigentlich zusammen? Lässt sich das eine mit dem anderen vereinbaren in einer Zeit, in der die Entwicklungen auf den internationalen Finanzmärkten zunehmend Sorgen und Kritik der Kirchen hervorrufen?

Immer mehr Menschen wollen, dass ihre Geldanlagen einer sozial- und umweltverträglichen Zukunft dienen. In den lutherischen Kirchen Nordamerikas gehört „sozialverantwortetes Investment" schon seit mehr als zwei Jahrzehnten zur Praxis des kirchlichen Finanzmanagements. Die europäischen Kirchen befinden sich hier noch in einem intensiven Lernprozess. Der Programmausschuss für Finanzen des Lutherischen Weltbundes hat daher im Jahr 2000 bei seiner Sitzung in Turku/Finnland angeregt, das Thema der ethisch orientierten Vermögensverwaltung in weltweiten Konsultationen zu behandeln.

Die Konferenz „Ethisches Investment – Internationale Konferenz für sozial verantwortete Geldanlagen kirchlicher Institutionen" im April 2001 in der Evangelischen Akademie Bad Boll war ein erster und gelungener Schritt auf diesem Weg. Es ist sehr zu begrüßen, dass die Initiatoren der Konferenz und Herausgeber dieses Buches das Treffen von Anfang an in einer großen ökumenischen Offenheit geplant und durchgeführt haben. Die Frage, wie die weltlichen Güter, die den Kirchen für ihren Dienst anvertraut sind, im Einklang mit dem Auftrag der Evangeliumsverkündigung eingesetzt und genutzt werden können, stellt sich für alle Kirchen gleichermaßen. Die in diesem Buch gesammelten Beiträge, die zum großen Teil der Konferenz in Bad Boll entstammen, sind wichtige Bausteine auf dem Weg eines kirchlichen Finanzmanagements, das wirtschaftliche und theologische Ziele miteinander verknüpft.

Landesbischof Dr. h.c. Christian Krause
Präsident des Lutherischen Weltbundes

Einführung

Wer Geld anlegen will, muss Entscheidungen zu drei eng miteinander verbundenen Zielen treffen: Welche Rendite wird erwartet? Wie wichtig ist es sicher zu sein, dass es zu keinem Verlust oder Teilverlust des angelegten Kapitals kommt? Welcher Anteil muss zu welchem Zeitpunkt wieder verfügbar sein? Wer eine ethisch orientierte Geldanlage tätigen will, muss all diese Überlegungen ebenfalls vornehmen und sie darüber hinaus mit einer weiteren Entscheidung verbinden: Welchen moralischen Zielen soll das Geld dienen? In der Abwägung der ersten drei Ziele sind Geschäftsbanken geübt und beraten täglich private und institutionelle Anlegerinnen und Anleger. Die Einbeziehung ethischer Ziele ist in Europa noch etwas Ungewohntes. Wer dieses Thema anschneidet, stößt an vielen Bankschaltern auf Ratlosigkeit und Erstaunen. Doch das Segment der ökologisch-sozialen Anlageprodukte hat Zukunft. Immer weniger Menschen sind bereit mit ihrem Geld auch ihre Überzeugungen abzugeben. Und das gilt erst recht für Kirchen, Kirchengemeinden oder kirchliche Einrichtungen. Die Glaubwürdigkeit des kirchlichen Zeugnisses hängt eben auch vom Umgang mit den Finanzmitteln ab, die die Kirchenmitglieder zur Erfüllung des kirchlichen Auftrages zur Verfügung stellen.

Besondere Aufmerksamkeit verdient dieses Thema in einer Zeit, in der viele Menschen durch die Globalisierung und das Geschehen an den internationalen Finanzmärkten beunruhigt sind. Ist ethisches Investment in dieser Situation ein notwendiges Erfordernis christlicher Existenz? Dieser Frage geht Karen Bloomquist in ihrem Beitrag nach. Sie tut dies aus der Perspektive des lutherischen Weltbundes, der im Rahmen des Konsultationsprozesses zu Fragen der Globalisierung auch dem Ansatz des ethischen Investments besondere Aufmerksamkeit schenkte.

Wenn Kirchen sich aufmachen, ganz weltliche Dinge wie ihre Finanzen ethisch zu reflektieren, dann stellt sich die Frage, wie sie dies tun. Es ist die Frage nach dem Verhältnis von Kirche und Welt, die Frage nach dem ethischen Grundansatz. Die seit der Reformation bekannten und seither immer wieder diskutierten ethischen Grundlegungen finden sich auch auf dem Feld des ethischen Investment wieder. Dies ist die Grundthese des zweiten theologischen Beitrages von Karin Bassler und Martinus Kuhlo.

Es folgen acht konkrete Ansätze ethischen Investments von Kirchen oder kirchlichen Institutionen. Welche Motive waren ausschlaggebend für die Entscheidung, bei Geldanlagen ethische Ziele mit zu berücksichtigen? Auf diese Fragen antworteten Autorinnen und Autoren aus sechs Ländern und verschiedener christlicher Provenienz. Sie machen nicht zuletzt die ethischen Ziele deutlich, die Kirchen mit ihren Investmententscheidungen verfolgen.

Zwei empirische Studien, die in diesem Jahr veröffentlicht wurden, zeigen, dass der Markt für ethische Finanzanlagen in Deutschland sehr wahrscheinlich vor einer Wachstumsphase steht. Die Motive und Ziele privater Anlegerinnen und Anleger stehen im Mittelpunkt der Befragung, die imug investment research durchgeführt hat. Sie gibt somit auch Auskunft über die Vorstellungen von Kirchenmitgliedern und deren mögliche Forderungen an die kirchliche Vermögensverwaltung. Ob und inwieweit in Deutschland religiöse Nonprofit-Organisationen sich für ethische Anlagen interessieren oder diese bereits praktizieren zeigt die Untersuchung von Prof. Schäfer. Eine zentrale Frage ist auch hier: Welche ethischen Ziele verfolgen die untersuchten Personen bzw. Institutionen? Ist das einmal geklärt, taucht das Problem der Umsetzung auf: Wie können diese Ziele bei der Auswahl von Anlageobjekten (Aktien, festverzinsliche Wertpapiere) wirksam werden? Das hängt im Wesentlichen von zwei Vorgängen ab, die einem Kauf vorangehen müssen.

Der erste Vorgang besteht darin, aus ethischen Zielen Kriterien abzuleiten, an denen die Ziele in der Realität überprüft und gemessen werden können. Die Bedeutung dieses Schrittes ist nicht zu unterschätzen, denn er kann weitreichende Folgen für das ethische Investment haben. Ein Beispiel: Die KCD-Fonds der Kirchenbanken in Deutschland verfolgen die ethischen Zielsetzungen des konziliaren Prozesses: Gerechtigkeit, Frieden und Bewahrung der Schöpfung. Für den Bereich der staatlichen Anleihen wird das Friedensziel folgendermaßen konkretisiert: „Aufgenommen werden Anleihen von

Staaten, die auf ein Militär verzichten."[1] Das bedeutet eine sehr weitreichende Einschränkung der Anlageobjekte, ermöglicht jedoch eine schnelle und eindeutige Überprüfung des ethischen Zieles der Friedensbewahrung.

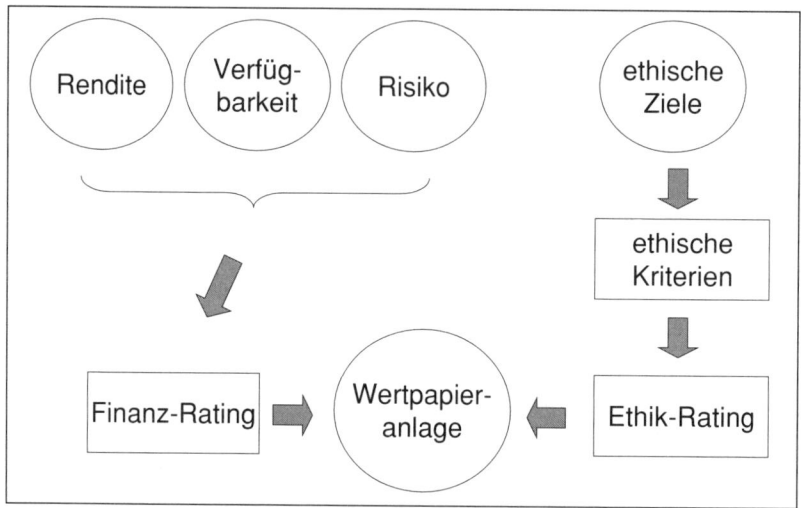

Abb. 1: *Prozess des Ethischen Investment*

Der zweite Schritt auf dem Weg von der ethischen Zielsetzung zur ethisch begründeten Anlageentscheidung ist das ethische Rating. Unternehmen, Staaten und internationale Institutionen nach ihrer Bonität zu beurteilen und entsprechende Ranglisten aufzustellen, ist im Bereich der finanziellen Anlageziele (Risiken, Rendite) schon seit längerer Zeit ein gebräuchliches Verfahren. Analog dazu entwickelten sich in den vergangenen Jahren auch Konzepte für ethische Ratings. Anhand der möglichst eindeutig definierten ethischen Kriterien werden die Aktivitäten von Unternehmen und zunehmend auch von Staaten und staatlichen bzw. supranationalen Institutionen durchleuchtet, bewertet und in eine Rangfolge gebracht. Die Ethik-Rating-Agenturen erheben ihre Daten zum einen intern bei den Unternehmen bzw. Institutionen durch umfangreiche Fragebögen.

---

[1] Union-Investment-Gesellschaft GmbH (Hg.) (2001): Zukunft denken – nachhaltig investieren. Die KCD-Union-Nachhaltig-DJSG-Index-Fonds. Frankfurt/M. S.7.

Zum anderen werten sie öffentlich zugängliche Informationen aus und berücksichtigen Einschätzungen und Erfahrungen regionaler und internationaler Nichtregierungsorganisationen.

Drei Beispiele für ein solches Ethik-Rating finden sich am Ende dieses Buches. Bewusst haben wir drei Konzepte gewählt, die verschiedene Ansätze repräsentieren. Sie spiegeln unseres Erachtens die drei Grundansätze christlicher Ethik wider, die im Beitrag von Bassler und Kuhlo referiert und auf das ethische Investment angewandt werden. Um den gesamten Spannungsbogen von der ethischen Grundorientierung bis hin zum konkreten Produkt darzustellen, werden in den Aufsätzen auch erwerbbare Fonds vorgestellt. Für das Konzept der sam-sustainabilitiy-group geschieht dies in einem gesonderten Aufsatz, die Konzepte der oekom research AG und der Bank Sarasin & Cie. finden sich in den entsprechenden Artikeln.

Wir hoffen, mit diesem Buch jeden Leser und jede Leserin in die Lage zu versetzen, sich ein eigenes Urteil über die gegenwärtige Praxis des ethischen Investments zu bilden.

Bad Boll, Oktober 2001
Karin Bassler, Martinus Kuhlo, Peter Stoll

Karen Bloomquist

Die Kirchen und ethische oder sozial verantwortliche Investitionen

Es fällt schwer, sich Menschen oder Organisationen vorzustellen, die „ethische" oder „sozial verantwortliche" Investitionen nicht befürworten würden, wenn man „ethisch" ganz allgemein als „sozial akzeptabel" definiert. Wer würde seine/ihre finanziellen Mittel nicht „ethisch" anlegen wollen? Wer könnte gegen soziale Verantwortung sein? Und sollten nicht die Kirchen, allen anderen gesellschaftlichen Institutionen voran, darauf bedacht sein, in ihrem ganzen Verhalten, einschließlich ihrer Investitionstätigkeit, als „ethisch" angesehen zu werden? Auf dieser allgemeinen Ebene ist doch wohl ein Faktum, was man gemeinhin als „ethische" wirtschaftliche Verhaltensweisen ansieht.

Theologische Grundsätze

Wenn Kirchen und kirchliche Organisationen jedoch sozial verantwortliche Investitionen tätigen, so tun sie das aus Beweggründen, die tiefer liegen. Eine Mitglieds-Kirche des Lutherischen Weltbundes drückte dies so aus: „Durch menschliche Entscheidungen und Taten ist Gott in der Wirtschaft am Werk. Die Wirtschaft soll ein Werkzeug im Dienst an Gottes Heilsplan für die Menschheit und die Schöpfung sein. Ist dies nicht der Fall, so können wir als Kirche nicht schweigen, weil wir sind, wer wir sind, und weil wir dem gehören, dem wir gehören." [1]

Wirtschaftliche Fragen werden in der Bibel selbst angesprochen; es geht dabei vor allem um die Frage, welche Konsequenzen wirtschaftliches Verhalten für die Armen, und damit für die gesamte Gesellschaft, hat. Wirtschaftliche Angelegenheiten werden nicht nur am Rande behandelt, sondern ergeben sich aus zentralen Glaubensver-

---

[1] "Sufficient, Sustainable Livelihood for All", eine soziale Erklärung der Evangelisch-Lutherischen Kirche in Amerika (1999), Seite 3.

pflichtungen. Wirtschaftliche Ressourcen, wie etwa das Eigentum, sind zur Befriedigung menschlicher Bedürfnisse gedacht; wenn sie anderen Interessen dienen, wie etwa der Spekulation – mit dem Ziel einer Maximierung der Gewinne –, dann wird dies hinterfragt. Praktiken, die der Habgier Vorschub leisten oder Ungerechtigkeiten verschärfen, werden ganz entschieden infrage gestellt.

Auf dieser Grundlage haben die Kirchen im Laufe der Jahrhunderte immer wieder, mitunter mit scharfen Worten, zu wirtschaftlichen Fragen Stellung bezogen. So etwa Martin Luthers Angriffe auf die Handelsgesellschaften am Anfang des 16. Jahrhunderts: „Sie unterdrücken und verderben alle kleinen Kaufleute, gleichwie der Hecht die kleinen Fische im Wasser, als wären sie Herr über Gottes Kreaturen und frei von allen Gesetzen des Glaubens und der Liebe (...). Kein anderer Rat ist als: Lass ab, da wird nichts andres draus. Sollen die Handelsgesellschaften bleiben, so muss Recht und Redlichkeit untergehen." [2]

Luther steht mit diesen Worten nicht allein. Immer wieder im Laufe der Geschichte der Kirche und in vielen Kirchen heute werden Stimmen laut, die eher nach einer Abwendung von der Teilhabe an den dominierenden Wirtschafts- und Finanzinstitutionen der jeweiligen Zeit rufen. Diese Meinung wird besonders von jenen vertreten, die in den Praktiken der Hauptakteure der heutigen globalen Wirtschaft, der transnationalen Konzerne und der supranationalen Institutionen, den Grund für eine Verstärkung der Ungerechtigkeiten sehen. Darüber hinaus wäre für viele Menschen in unserer heutigen Welt, denen es an wirtschaftlichen Ressourcen zur Investition oder gar am Zugang zu verlässlichen Investitionsmöglichkeiten mangelt, die Thematik unserer Konferenz ohnehin irrelevant.

Zu den theologischen Traditionen unserer Kirchen gehört das biblische Verständnis, dass die Menschen HaushalterInnen bzw. VerwalterInnen der Schöpfung sind, für deren Fortbestand Gott auch heute mittels menschlichen Handelns und menschlicher Institutionen sorgt. Uns sind die Fähigkeiten, die Mittel, die Freiheit und die Verantwortung gegeben, auf produktive und gerechte Weise an Gottes Welt teilzuhaben. Dies schließt die Verantwortung dafür ein, wie wir die Ressourcen, die wir

---
[2] Martin Luther, Von Kaufhandel und Wucher (1524), WA 15, S. 312-313

erhalten haben, investieren. Geht man von der Möglichkeit aus, dass manche Investitionen ethisch sein können, so stützt sich diese auf die Grundüberzeugung, dass Gottes Absichten durch wirtschaftliche Institutionen und Praktiken vorangebracht werden können. Diese Absichten Gottes zielen darauf, dass menschliche Grundbedürfnisse erfüllt, das Gemeinschaftsleben gestärkt und die Schöpfung erhalten werden. Wirtschaftliche Institutionen und Praktiken haben diesem Ziel zu dienen.

„Investitions- und Managemententscheidungen haben entscheidende moralische Dimensionen: sie schaffen Arbeitsplätze oder vernichten sie; sie können hilflose Familien in die Armut abdrängen, oder ihnen neue Hoffnung für die Zukunft verleihen; sie tragen zur Schaffung einer gerechteren Gesellschaft bei oder behindern diese; somit können sie die Fairness der Weltwirtschaft positiv oder negativ beeinflussen." [3]

In der Realität ist es jedoch so, dass Wirtschaftsinstitutionen und -praktiken auf Kosten des Wohlergehens der Menschen und der restlichen Schöpfung sich allzu oft von egoistischem Streben nach Gewinn und Reichtum bestimmen lassen. Daher müssen sie zur Rechenschaft gezogen werden, wie es Bewegungen zur Förderung sozial verantwortlicher Investitionen versuchen. Dies geschieht, indem sie Firmen und Finanzinstrumente nicht nur im Blick auf ihren Gewinn, sondern auch auf andere Werte in die Verantwortung nehmen wollen.

In der heutigen Zeit, die durch die wirtschaftliche Globalisierung bestimmt ist, kommt dieser Aufgabe noch größere Bedeutung zu. Die wirtschaftliche Globalisierung stützt sich auf folgende Strategien:

- Wirtschaftswachstum als höchste, allen anderen sozialen Werten übergeordnete Priorität,
- Förderung der Mobilität des Kapitals,
- Ausweitung der Privatisierung,
- Abbau staatlicher Regulierung der Wirtschaftstätigkeit,
- Produktion für den Export statt für den Binnenmarkt,
- kurzfristige Rentabilität auf Kosten langfristiger Sozial- und Umweltverträglichkeit.

---

[3] Dennis P. McCann, „The Church and Wall Street", *On Moral Business*, Ed. Max L. Stackhouse et al. (Grand Rapids: Eerdmans, 1995), 627

Weil diese Strategien heute fast überall in der Welt vorherrschen, ist es umso dringlicher, auch andere Faktoren in den Blick zu nehmen.

Wir stehen laufend vor der Herausforderung, in Bezug auf jede wirtschaftliche Aktivität zwischen Gut und Böse zu unterscheiden und verantwortliche Veränderungen anzustreben, damit den Bedürfnissen der Menschen besser entsprochen wird. Auf diese Weise kann Wohlstand eingesetzt werden, um mehr Menschen neue Möglichkeiten zu bieten, sich zu ernähren. Im Gegensatz dazu wird Reichtum jedoch oft unter dem Motto „mit dem, was mir gehört, kann ich tun, was ich will" verwendet. Aus theologischer Sicht ist die Art und Weise, wie wir unser Eigentum nutzen, jedoch die moralische Grundlage für unser Anrecht auf diesen Besitz. [4]

Ethische Ausgangspunkte

Die finanziellen Investitionen der Kirchen können aus verschiedenen Blickpunkten ethisch beurteilt werden, etwa:

- Wie wurde das Geld erworben: in Form regelmäßiger Beiträge der Kirchenglieder, großer Schenkungen, Subventionen oder Zuwendungen? Hier ist nach ethischen Grundsätzen die Frage zu stellen, woher das Geld kommt und ob die/der GeberIn das Reden und Handeln der Kirche beeinflusst, d.h. ob durch die Zuwendung die prophetischen Dimensionen der Sendung der Kirche potentiell behindert werden können.

- Welche Möglichkeiten eröffnen Investitionen für die Mission und den Dienst der Kirche in der Welt? Hier liegt der ethische Schwerpunkt auf der Frage, wie Zinsen oder Dividenden der Investitionen verwendet werden, wobei das Hauptanliegen ist, bestmögliche finanzielle Gewinne zu erzielen, um Dienste finanzieren zu können, die ihrerseits ethisch empfehlenswerte Ziele verfolgen.

---

[4] „Give Us This Day Our Daily Bread: Sufficient, Sustainable Livelihood for All", Evangelisch-Lutherische Kirche in Amerika (1996), Seite 39, 43.

- Inwiefern werden die Investitionen selbst solchen Werten oder Verpflichtungen gerecht, die die Kirche in der Gesellschaft unterstützen oder fördern möchte? In diesem Fall sind Investitionen nicht nur ein Mittel zum Zweck, sondern ein Aspekt des Zeugnisses der Kirche in der Gesellschaft.

Wir wollen uns hier vor allem auf den letztgenannten Punkt konzentrieren, ihn jedoch auch im Zusammenhang mit den anderen ethischen Erwägungen beleuchten. Hier wird die aktive Rolle anerkannt, die Investitionen – positiv und negativ – in der Gesellschaft spielen; darüber hinaus bedeutet dies auch, dass Gottes Absichten in der Gesellschaft über die Tätigkeit der Kirche im engeren Sinne hinaus durch eine Vielfalt von Mitteln vorangetrieben werden kann. Die Kirche als Institution ist Teil der Gesellschaft und hat als solche Werte und Verpflichtungen zu vertreten, die mit dem Glauben, den sie bekennt, in Einklang stehen.

Phasen der sozial verantwortlichen Investitionstätigkeit

Die Kirchen, die ich am besten kenne, d. h. die Kirchen in den Vereinigten Staaten, investieren seit einigen Jahren sozial verantwortlich. Dies ist zu einem bedeutenden Mittel geworden, die Kongruenz zwischen Glaubensüberzeugungen und ihrer praktischen Verwirklichung im institutionellen Leben zu verstärken. Anfänglich bedeutete dies, dass man zu gewissen Praktiken und Produkten NEIN sagen musste, d.h. dass man davon Abstand nehmen musste, in Firmen zu investieren, die diese unterstützen bzw. herstellen. So haben Kirchen und andere ihre Gelder aus Firmen abgezogen, die Tabak, alkoholische Getränke und Pornographie produzieren oder den Glücksspielbetrieb unterstützen, da es sich hierbei um Substanzen oder Aktivitäten handelt, die dem menschlichen Leben oder der Würde des Menschen abträglich sind. Persönliche moralische Einwände waren die Grundlage dieser pietistisch inspirierten Kriterien. Finanzielle Investitionen sollten nicht dazu dienen, persönliche Laster zu fördern, die als Widerspruch zu einem geheiligten Leben im Glauben betrachtet werden. Diese soziale Prüfung dient weiterhin als grundlegendes Kriterium gegen Investitionen in Firmen, die als unmoralisch geltende soziale Praktiken fördern.

Der Kampf gegen die Apartheid im südlichen Afrika und gegen die Folgen der Vermarktung von Babynahrung in den armen Ländern leitete eine zweite Phase der ethischen Beurteilung von Investitionen ein. Firmen, deren Praktiken systematisch Nachteile für ausgegrenzte Menschen nach sich zogen, wurden boykottiert. Soziale Gerechtigkeit gilt nach wie vor zum ethischer Massstab, der gewisse Investitionen ausschließt. Obwohl das Gespräch mit den betreffenden Firmen, Beschlüsse der Aktionäre und andere Massnahmen als Teil einer allgemeinen Strategie ebenfalls eine Rolle spielten, kam der Androhung und der tatsächlichen Durchführung wirtschaftlicher Boykotte ganz besonderes Gewicht zu. Die Kirchen nutzten gemeinsam mit anderen Kräften der Gesellschaft ihr gesammeltes wirtschaftliches Einflusspotenzial, um Firmen dazu zu veranlassen, ihre Tätigkeiten in diesen Ländern aufzugeben. Diese konzertierten Anstrengungen haben entscheidend zu einer Änderung der Haltung von Politik und Wirtschaft beigetragen.

Diese beiden Phasen, in denen die Kirchen ihre soziale Verantwortung den Konzernen gegenüber zum Tragen brachten, können als Phasen der Konfrontation und des NEIN zur Macht der Konzerne gewertet werden. Die dritte Phase ist die des aktiven Engagements. Statt Ablehnung oder negativer Bewertung gewisser Investitionen besteht die Strategie in dieser Phase im aktiven Engagement in Firmen, um Änderungen in deren Politik und Praktiken herbeizuführen. Diese betreffen einen verantwortlicheren Umgang mit Werten des Gemeinwohls und die Berücksichtigung von Aspekten, die über die Geschäftsergebnisse hinausgehen. Teil dieser Strategien kann natürlich auch die Drohung sein, Investitionen abzuziehen oder gar zum Wirtschaftsboykott dieser Firmen aufzurufen; dies ist jedoch nicht der entscheidende Faktor. Hauptfrage ist, was kirchliche Institutionen mit ihren Investitionen in Wirtschaftsunternehmen fördern und unterstützen sollen.

Diese Ebene des Engagements für eine sozial verantwortliche Investitionstätigkeit erfordert eine wesentlich gründlichere analytische Arbeit im Umgang mit Firmen und Investitionsinstrumenten und setzt Dialog und Information voraus. Auch müssen die verschiedenen, bereits bestehenden Kontakte der Kirchenglieder mit diesen Institutionen ernst genommen werden. Das aktive Engagement darf nicht auf die Ebene der SchatzmeisterInnen oder anderer führender KirchenvertreterInnen beschränkt bleiben, sondern muss auf den verschiedensten Ebenen stattfinden. Die Verbesserung der Situation der ArbeitnehmerInnen und das Fragen nach den Auswirkungen von Konzernpraktiken auf das Gemeinwesen, die Gesellschaft und die Umwelt sind wichtige Zielsetzungen. Doch das aktive Engagement ist an sich schon ein nicht zu übersehendes Zeugnis. Ein JA zu den Anliegen von ArbeitnehmerInnen, zur Umwelt und zu Gruppen, die im Ringen um den Gewinn häufig auf der Strecke bleiben, kann selbst ein Zeugnis sein, das sich der heute dominierenden Logik der globalen Wirtschaft entgegenstellt. Kirchliche Organisationen haben, zusammen mit anderen Kräften der Zivilgesellschaft, eine besondere Verpflichtung, die Aufmerksamkeit auf diese weiter gesteckten Erwägungen zu lenken, selbst wenn dies einen Rückgang der Gewinne nach sich ziehen sollte. Die Wirtschaft und die Finanzmärkte müssen in ihrer Freiheit dem Gemeinwohl gegenüber verstärkt in die Verantwortung genommen werden.

Warnungen oder: Grenzen ethischer Geldanlagen

1. Selbstgerechtigkeit ist eine ständige Gefahr für Kirchen und kirchliche Organisationen, vor allem im Hinblick auf ethische Investitionen. Es wäre naiv glauben zu wollen, es gebe „moralisch saubere" Investitionen. Deshalb halte ich es für schwierig und unproduktiv, eine Trennlinie zwischen „ethischen" und „unethischen" Investitionen zu ziehen. Stattdessen sollte man in jeder Situation die Frage stellen, welche ethischen Prioritäten bestehen, und warum. Es ist schwer, klare Kriterien zu formulieren, die für alle Situationen Geltung haben.

2. Man darf nicht erwarten, dass Einstimmigkeit darüber bestehen wird, welche sozialen Werte die Kirchen mit ihren Investitionen fördern sollen. Gewiss gibt es einige grundlegende Belange wie gute Arbeitsbedingungen für ArbeitnehmerInnen, Umweltfreundlichkeit und die wirtschaftliche Entwicklung des Gemeinwesens. Einige Kirchen allerdings würden für eine Politik eintreten, die auf persönlicher Moral (vor allem Sexualmoral) gründet, während andere unter Berufung auf Gerechtigkeit oder die Trennung von Kirche und Staat sich ihr widersetzen würden. Was manche ChristInnen in der Politik ge-

wisser Firmen als sozial gerecht bezeichnen (etwa Sozialleistungen für homosexuelle und lesbische Paare), würden andere als „unchristlich" ansehen.

3. Einige der Werte oder Ziele, für die Kirchen eintreten, sind genau solche, die im Widerspruch zur Logik der wirtschaftlichen Globalisierung stehen. Anliegen im Blick auf Familie, Gemeinwesen oder Umwelt werden immer mehr vom Streben nach größerem Gewinn verdrängt. Deshalb wird auch die Anwaltschaft der Kirchen in dieser Hinsicht von der Geschäfts- und Finanzwelt leicht als störend oder naiv empfunden. Anderseits wird auch anerkannt, dass eine Verpflichtung diesen anderen Werten gegenüber heute mit zu einem „guten Geschäftsgebaren" gehört. Was können Kirchen und kirchliche Organisationen tun, um dieser Ansicht weiter zum Durchbruch zu verhelfen?

4. In Anbetracht der Tatsache, dass heute eine wachsende Zahl von Firmen zumindest ein Lippenbekenntnis zu sozial verantwortlichen Kriterien für ihre Geschäftsführung ablegt, müssen die Strategien der Kirchen mehr als nur Übereinstimmung mit allgemeinen Grundsätzen anstreben. Wenngleich die Verpflichtung zu diesen Grundsätzen ein wichtiger Schritt ist, stellt sich die Frage, inwiefern sie tatsächlich in den Geschäftspraktiken der Firmen ihren Niederschlag findet.

Wird die Tatsache, dass ein Unternehmen oder ein Investitionsfonds als ethisch oder sozial verantwortlich gilt, nicht oft zu einem PR- und Marketinginstrument? Gibt es zwischen Kirchen und Firmen große Unterschiede in der Interpretation der grundlegenden Prinzipien für soziale Verantwortung? Wann ist Misstrauen seitens der Kirchen angesagt? Es wurde z. B. darauf verwiesen, dass Erklärungen mancher ManagerInnen von Pensionsfonds zur Frage sozial verantwortlicher Investitionen vage, wenn nicht geradezu widersprüchlich sind: „Solange kein Kontrollmechanismus geschaffen wird, der prüft, wie stark sich FondsmanagerInnen in Firmen engagieren und welche Auswirkung aktives Engagement hat, stehen Aussagen der Pensionsfonds zur Frage der sozial verantwortlichen Investitionen in der Gefahr, zu Leerformeln zu werden." [5]

---

[5] „Ethics enter the mainstream", *Responsible Business*, A Financial Times Guide (8. November 2000), Seite 21

5. Das Anliegen sozial verantwortlicher Investitionstätigkeit darf nicht allein die Sache der Reichen sein oder derer, die sich berufen fühlen, im Namen der wirtschaftlich Benachteiligten in anderen Teilen der Welt zu sprechen. Es muss ein offener, dauerhafter Dialog über die Auswirkungen gewisser Investitionskriterien auf jene, die in den betroffenen Gebieten leben, anlaufen. Welche Auswirkungen etwa hat das Verbot der Kinderarbeit in Ländern, in denen für diese Kinder kaum Ausbildungsmöglichkeiten bestehen und wo ihre Familien nur wenig andere Einkommensmöglichkeiten haben? Wie müssen Investitionspraktiken gestaltet werden, damit sie auch in der Gesamtsituation ihre Wirkung entfalten können?

Wichtig wäre es, dass sich die Betroffenen in den Entwicklungsländern in den Prozess der Straffung der Mechanismen einer Überwachung und Zertifizierung der sozialen Verantwortung von Unternehmen einschalten. „Die soziale Verantwortung der Konzerne *kann*, unter gewissen Umständen, zu einer positiven Kraft und einer verheißungsvollen Wirkung der Globalisierung werden, und zwar sowohl für die verschiedenen Akteure in den Entwicklungsländern als auch für jene in der nördlichen Hemisphäre. Wenn allerdings nichts getan wird, um diese Verantwortung zu globalisieren und Brücken zwischen Nord und Süd zu bauen, dann kann das Ganze leicht zu einem heuchlerischen Vorwand für Protektionismus werden. Deshalb ist es umso wichtiger, dass die Kirche in ihrer Universalität Gespräche und Begegnungen möglich macht, bei denen Akteure aus Nord und Süd zusammenkommen, um die Probleme zu klären und Worte, die soziale Verantwortung versprechen, zu Taten werden lassen."[6]

Der Dialog zwischen Nord und Süd ist ein entscheidender Bereich, in dem die Kirchen maßgebend zur Bewegung für eine sozial verantwortlichere Investitionstätigkeit beitragen können. Es geht darum, wie wir im Umgang mit wirtschaftlichen Realitäten zeigen können, dass wir der Leib Christi in der *ganzen* Welt sind und dass wir nicht nur *unsere* eigenen wirtschaftlichen Interessen vertreten. Manche von uns schöpfen enorme Gewinne ab, während andere von uns hinnehmen müssen, dass ihre Gemeinwesen und ihre Länder von diesen Kräften zerstört werden. Diese Unterschiede ziehen sich quer durch

---

[6] Leiy Lunde, Norwegian Church Aid Occasional Paper Series, Nummer 1/00

unsere Kirchen und müssen berücksichtigt werden. Doch durch das Band, das uns miteinander vereint, sollten sie eher den Anfang eines Gesprächs markieren, anstatt es zu *beenden*.

Christen bekennen ihren Glauben an den dreieinigen Gott – dieser Glaube verweist auf das relationale Wesen Gottes und der menschlichen Existenz sowie auf unsere Verbundenheit mit der gesamten Schöpfung.[7] Gott ist Gemeinschaft, Beziehung, sich selbst verschenkende Liebe. Als nach dem Ebenbild Gottes Geschaffene (1. Mose 1,27), leben wir in Beziehung zu anderen. Die Würde und der Wert jedes einzelnen Menschen zeigten sich in der Gemeinschaft. Das Wohl der gesamten Gemeinschaft ist wichtig für das Wohl des einzelnen Menschen. „Das fundamentalste menschliche Handeln ist somit nicht das durch Eigeninteresse motivierte rationale wirtschaftliche Handeln, sondern die Ausübung der Kraft der sich selbst verschenkenden Liebe, die Gelegenheit, Beziehungen einzugehen, tiefer am Leben der menschlichen Gemeinschaft teilzunehmen."[8]

Menschen stehen nicht zum Zweck wirtschaftlichen Gewinns miteinander in Beziehung, sondern um zu lieben, miteinander zu teilen und sich an dem, was jede/r zur ganzen Gemeinschaft beiträgt, zu erfreuen. Die große Ungleichheit, die zwischen den von Gott Geschaffenen besteht, ist beunruhigend, weil das Leben seinem Wesen nach auf Beziehung ausgerichtet ist: Wer wir *sind*, ergibt sich aus unserer Beziehung zu anderen. Wir sind in Beziehung zu Gott, zueinander und zur ganzen Schöpfung geschaffen.

Dies ist eine Art „Globalisierung der Solidarität", die von der Basis her entsteht, aus dem tiefsten Sehnen der Menschen nach einem erfüllteren Leben. Eine solche christliche Sicht verleiht unserem Einsatz für eine sozial verantwortlichere Investitionstätigkeit seine Stärke.

---

[7] Catherine Mowry La Cugna, *God for Us: The Trinity and Christian Life* (San Francisco: Harper, 1991), Seite 289
[8] Robert Simons, *Competing Gods: Public Theology and Economic Theory* (Australia: Dwyer, 1995), Seite 72

Karin Bassler und Martinus Kuhlo

Ethik auf dem Börsenparkett

Wie die Grundlegungen christlicher Ethik im Investmentbanking wirksam werden

Immer mehr Menschen gehen mit ihrem Geld an die Börse und immer mehr von ihnen wollen ihr Geld ihren Überzeugungen entsprechend anlegen. Das ist genau die Marktlücke für ethische Investmentprodukte. Nach einer repräsentativen Umfrage des imug-Institutes in Hannover sind 40 von 100 Anlegerinnen und Anlegern an sozial und ökologisch verantworteten Geldanlagen interessiert. Etwa die Hälfte von ihnen ist sogar bereit, eine niedrigere Rendite in Kauf zu nehmen, wenn ihr Geld auch ethischen Kriterien genügt. Ein ähnliches Bild zeigt sich auch im Non-Profit-Bereich. Organisationen des Natur-, Landschafts-, Tier- und Umweltschutzes, der Entwicklungshilfe, der Kirchen und religiösen Gemeinschaften, des Wohlfahrtswesens und gemeinnützige Stiftungen beabsichtigen, in Zukunft ihre Geldanlagen nach ethischen Kriterien vorzunehmen. Das sind die Ergebnisse des Forschungsprojekts „Ethische Finanzdienstleistungen" am Lehrstuhl von Prof. Henry Schäfer an der Universität Siegen. Der Boom der „Ethik-Fonds" scheint gegenwärtig unaufhaltsam. Von 1998 bis 2000 stieg das Volumen im deutschsprachigen Raum von 0,31 auf 1,54 Mrd. Euro, und die geplante Rentenreform wird in erheblichem Umfang zusätzliche Gelder in diesen Bereich spülen.

Doch diese Zahlen relativieren sich schnell bei einem Vergleich mit der Situation in Nordamerika oder Großbritannien. In den USA entfallen rund 13 Prozent der Anlagen auf sogenannte „socially responsible investments", in Deutschland sind es zur Zeit erst 0,4 Prozent. In Großbritannien hatten die 55 als ethisch eingestuften Investmentfonds Ende 2000 bereits einen Gesamtumfang von 5,4 Mrd. Euro. In beiden Ländern spielen die Kirchen dabei eine bedeutende Rolle. Oft waren es Kirchen und kirchliche Einrichtungen, die gemeinsam mit Finanz- und Ratinginstituten entsprechende Produkte erst entwickelten und damit auch anderen Anlegern und Anbietern einen ganz neuen Markt erschlossen. Schon vor Jahrzehnten begannen sie mit Negativ-Kriterien-Listen. Als erstes wurden die sogenannten „sin stocks", d.h. Anteile an Unternehmen der Alkohol-, Tabak- und Glücksspielbranche, aus den Portfolios kirchlicher Einrichtungen verbannt. Der Vietnamkrieg brachte dann die Sensibilisierung für die Problematik der Rüstungsbranche. Zwar war mit den Aktien der Napalm herstellenden Industrie in dieser Zeit viel Geld zu verdienen, aber welche christlich orientierte Einrichtung wollte schon am massenhaften Tod anderer Menschen profitieren? Später wurden auch Investments in Atomenergie- und Gentechnik-Unternehmen ausgeschlossen.

Heute hat „socially responsible investment" in den USA und Kanada zwei Seiten. Zum einen werden nicht unerhebliche Summen in ethisch orientierten Investmentfonds angelegt oder auch direkt von kirchlichen Stellen in Unternehmen investiert, die ihren Kriterien sozialer Verantwortung genügen. Das andere ist die aktive Wahrnehmung der Rechte, die aus dem Eigentum an Unternehmen – und nichts anderes verbriefen Aktien – resultieren. So fordern kirchliche Vertreter beispielsweise, dass Unternehmen ihrer lokalen bzw. regionalen Verantwortung gerecht werden und sich an ihrem Standort über die rechtlichen Bestimmungen hinaus für die Lebensqualität der Anwohnerinnen und Anwohner engagieren. In beiden Aktionsfeldern sind die nordamerikanischen Kirchen den europäischen an Erfahrung weit voraus.

Aber auch in Europa kommt die Entwicklung allmählich in Gang. Ökofonds und umweltpolitisch motivierte Anlagen (z.B. in Windkraftwerke) machten den Anfang. Inzwischen werden mehr und mehr Finanzprodukte auf den Markt gebracht, die ökologische mit sozialen Zielen verbinden. Auch die europäischen Kirchen beginnen das Feld für sich zu entdecken. Die Zeiten, in denen über kirchliche Geldvermögen entweder nur mit ablehnender Kritik oder als notwendiges Übel geredet wurde, sind offensichtlich vorbei. Schließlich sind es ja (wie in den nordamerikanischen Kirchen auch) Rücklagen für die Altersvorsorge kirchlicher Mitarbeiterinnen und Mitarbeiter oder diakonische Stiftungsvermögen, die sich für langfristige ethische Investments besonders eignen. Doch die Kirchen sind nicht nur als finanzkräftige Anlegerinnen gefragt. Mit der Entwicklung von ethischen Investmentprodukten hat die in den Kirchen und ihren Einrichtungen vorhandene Kompetenz in Sachen Ethik einen neuen Ort der Anwendung gefunden.

Dabei sind es nicht in erster Linie theologisch profilierte sozial- oder wirtschaftsethische Leitsätze, die zum Tragen kommen. Dazu sind die sozialen und ökologischen Ziele der verschiedenen ethischen Anlageprodukte viel zu ähnlich. Dennoch lassen sich innerhalb des kirchlichen Bereichs Unterschiede feststellen, die auf dem Hintergrund der jeweiligen theologischen Orientierung erklärbar werden. Es ist vor allem die Vorgehensweise bei der Anwendung der ethischen Kriterien, die den Unterschied ausmacht. Hier zeigt sich: die bekannten konfessionell verschiedenen Grundlegungen der Ethik, die grundsätzlichen Schemata der jeweiligen Dogmatik, prägen die unterschiedlichen kirchlichen Ansätze ethischen Investments. Es finden sich alle drei Grundmodelle der westlich-europäischen Theologie wieder:

- das römisch-katholische Schema von „Natur und Gnade" und die zwischen beiden herrschende Beziehung der „analogia entis";

- die lutherische Interpretation des Verhältnisses von „Gesetz und Evangelium" und die darauf aufbauende Zwei-Reiche und Zwei-Regimenten-Lehre; und

- die reformierte Verhältnisbestimmung von „Evangelium und Gesetz", die die Gerechtigkeit Gottes deutlicher als in der lutherischen Tradition zum Maßstab und Ausgangspunkt der menschlichen Gerechtigkeit macht.

Drei Konzeptionen ethischen Investments sollen dafür als Beispiel dienen. Ein erstes Konzept ist der Frankfurt-Hohenheimer-Leitfaden.[1] Er basiert auf der Wertebaumanalyse, einem diskursiven Verfahren, dass dazu dient, in politischen Konfliktsituationen (z.B. Müllbeseitigung) zu einer strukturierten Erfassung der Ziele und Wertvor-

---

[1] Hoffmann, J., Ott, K. und Scherhorn, G. (Hg.) (1997): Ethische Kriterien für die Bewertung von Unternehmen. Frankfurt-Hohenheimer-Leitfaden. Frankfurt a.M.

stellungen der betroffenen Gruppen zu kommen.² Die Autoren des Frankfurt-Hohenheimer-Leitfadens, der katholische Moraltheologe Hoffmann, der Konsumökonom Scherhorn und der Sozialethiker Ott, legen in Anlehnung an diese Methode einen strukturierten Katalog von möglichen ethischen Zielen und damit zusammenhängenden Kriterien vor. Nach diesen Kriterien können dann Unternehmen und Emittenten von Anleihen beurteilt werden. Der Wertebaum bietet also ein Bewertungsraster, mit Hilfe dessen Vertreter/innen (kirchlicher) Einrichtungen die Wertvorstellungen ihrer Organisation in eine Form bringen können, die das Rating, d.h. die Einstufung von Wertpapieren in eine bestimmte Kategorie, ermöglicht. Dabei wird von drei Stammwerten bzw. drei Hauptästen des ethischen Investments ausgegangen: Naturverträglichkeit, Kulturverträglichkeit und Sozialverträglichkeit. Diese Äste verzweigen sich von Ebene zu Ebene weiter, bis am Ende etwa 800 mögliche Kriterien zur Auswahl stehen. Ein Beispiel: Zum Stammwert „Naturverträglichkeit" finden sich auf der nächsten Ebene drei Unteraspekte, die berücksichtigt werden. Einer von diesen ist mit 1.3. Lebewesen überschrieben. Eine Unterabteilung davon ist 1.3.1. Tiere. Weitere Untergliederungen gehen beispielsweise entlang folgendem Strang: 1.3.1.2. Schmerzzufügung, 1.3.1.2.2. Tierversuche, 1.3.1.2.2.2. Anzahl der Anträge auf Tierversuche, 1.3.1.2.2.2.1. Zahl der Genehmigungen der Anträge.

Auffällig an diesem Vorgehen ist der Allgemeinheitsanspruch, der damit verbunden ist: „Die ‚Stammwerte' (Natur-, Kultur- und Sozialverträglichkeit) sind derart allgemein, daß in der Regel jeder zustimmt, daß es sich hierbei um moralisch relevante Werte handelt."³ Der Wertebaum soll nach dem Willen seiner Autoren „ein von allen akzeptiertes Bewertungsmuster"⁴ sein, das den „Ideale(n) von Vollständigkeit und logischer Konsistenz"⁵ verpflichtet ist. Diese drei Prinzipien, Allgemeinheit, Vollständigkeit und logische Konsistenz, können ohne Weiteres aus der römisch-katholischen Dogmatik abgeleitet werden. Einer ihrer Spitzensätze aus dem 1. Vaticanum soll hier

---

[2] Keeney, R.L., Renn, O., von Winterfeldt, D. und Kotte, U. (1984): Die Wertebaumanalyse. München.
[3] Hoffmann et al., 1997, S. 233
[4] a.a.O., S. 231
[5] a.a.O., S. 235

zitiert werden: „Gott kann mit Hilfe des natürlichen Lichts der menschlichen Vernunft aus den geschaffenen Dingen sicher erkannt werden."[6] Es gibt also – das wird damit gesagt – einen ontologischen Zusammenhang zwischen Gott, der höchsten Idee des Guten, und den natürlichen Dingen in allen ihren verschiedenen Ausprägungen. Diese „analogia entis" gilt in beide Richtungen. Es führt also eine direkte Verkettung von Ähnlichkeiten von Gott, dem Guten schlechthin, über die drei sehr allgemeinen moralischen Kriterien, Natur-, Kultur- und Sozialverträglichkeit, bis hin zur Zahl der Genehmigungen der Anträge auf Tierversuche – und auch wieder zurück.

Das ist ein geschlossenes System mit großer innerer Kohärenz und Evidenz für alle, die dieser theologisch-ethischen Grundentscheidung folgen können und wollen. Doch soll nicht unerwähnt bleiben, dass es in der Anwendung deutliche Reduktionen erfahren hat. Von den rund 800 theoretisch abgeleiteten Kriterien berücksichtigt die mit der Umsetzung beauftragte Rating-Agentur gerade einmal 300. Wie viele davon letztlich im Fondsmanagement zum Tragen kommen, bleibt offen. Die scheinbar große Differenziertheit erweist sich so als eine gewisse Beliebigkeit, die für Außenstehende nur schwer zu durchschauen ist.

Ein zweites Grundmodell ist der sogenannte „best in class"-Ansatz nach dem Dow Jones Sustainability Group Index (DJSG). In dem bekannteren Dow Jones Index, mit dem u.a. die tägliche Entwicklung an der New Yorker Börse gemessen wird, sind die 2000 weltweit teuersten Unternehmen aus 64 Branchen und 34 Ländern zusammengefasst. Die Schweizer SAM-Group hat es sich zum Ziel gesetzt, aus diesen 2000 Unternehmen jene ausfindig zu machen, die, gemessen an ökologischen und sozialen Kriterien, die jeweiligen „sustainability leader" ihrer Branche darstellen. Das Konzept basiert auf einer bestimmten Auslegung des Begriffes Nachhaltigkeit und versteht unter „Nachhaltigkeit des Unternehmenserfolges" eine „Unternehmensstrategie, die die langfristige Schaffung von Shareholder Value fördert und dies mit sozialer und ökologischer Verantwortung ver-

---

[6] Neuner, J. und Roos, H. (1971): Der Glaube der Kirche in den Urkunden der Lehrverkündigung, 8. Auflage, neubearbeitet von Karl Rahner und Karl-Heinz Weger. Regensburg, Zif. 27.28

bindet."⁷ Diese Formulierung findet sich im Verkaufsprospekt der Fonds für Kirche, Caritas und Diakonie (KCD), die, unterstützt von einer Reihe von evangelischen Landeskirchen, im April dieses Jahres von den Kirchenbanken aufgelegt wurden. „Best in class" bedeutet also, dass auch in einer generell nicht sehr umweltfreundlichen Branche, wie zum Beispiel der Automobilindustrie, die 10 % am nachhaltigsten wirtschaftenden Unternehmen in den Kreis derer aufgenommen werden, deren Wertpapiere von einem/einer entsprechend ethisch motivierten Anleger/in gekauft werden können. Das wiederum soll für die 90 % übrigen Unternehmen ein Anreiz sein, entsprechende Maßnahmen zu ergreifen, um in die Spitzengruppe aufzurücken. Alles andere, vor allem die aktuelle Auswahl und Gewichtung einzelner Wertpapiere in einem Portfolio, wird der ökonomischen Logik überlassen. Sowohl die Vorauswahl mit der Beschränkung auf die im Dow Jones Index gelisteten, also nach Marktkapitalisierung größten Unternehmen, als auch das „Feintuning" des eigentlichen Fondsmanagements reflektieren weitgehend ökonomische Zusammenhänge wie Wertsteigerung und Risikominimierung.

In diesem Konzept wird am deutlichsten, dass beim ethischen Investment zwei Welten mit ihren je eigenen Gesetzmäßigkeiten aufeinandertreffen. Das erinnert im theologischen Zusammenhang an das lutherische Schema von „Gesetz und Evangelium" mit seiner scharfen Unterscheidung der zwei Regimente: „Das weltliche Regiment geht mit völlig anderen Sachen um als das Evangelium. (...) Darum soll man die zwei Regimente, das geistliche und das weltliche, nicht miteinander vermengen und durcheinander werfen."⁸ Das weltliche Regiment – darunter die Wirtschaft – gilt im lutherischen Sinne als eigenständiger Bereich neben dem Evangelium. Gegenseitige Übergriffe über die Grenzen der Regimente hinweg werden strikt abgelehnt. Im Gegenteil: „Das Evangelium zertrümmert nicht Staat und Wirtschaft, sondern billigt sie vielmehr und befiehlt nicht nur um der Strafe willen, sondern auch um des Gewissens willen, jenen wie einer

---

⁷ Union-Investment-Gesellschaft GmbH (Hg.) (2001): Zukunft denken – nachhaltig investieren. Die KCD-Union-Nachhaltig-DJSG-Index-Fonds. Frankfurt/M. S. 6
⁸ CA 28 nach: Luth. Kirchenamt (Hg.) (1987): Unser Glaube. Die Bekenntnisschriften der evangelisch-lutherischen Kirche. Gütersloh, S. 108f.

göttlichen Ordnung zu gehorchen."⁹ Jedes Regiment hat dementsprechend seine eigenen, nur dort geltenden Gesetze, denen Folge zu leisten ist. Das heißt für ein solches Modell ethischen Investments, dass auch hier die Spielregeln, nach denen Wirtschaft funktioniert, zunächst einmal in ihrer Gesamtheit respektiert und nicht einzeln vom Evangelium her beurteilt werden. Wahrscheinlich ist das der Grund dafür, dass dieser „best in class"-Ansatz eine sehr weite Verbreitung hat und aufgrund seiner leichten Handhabbarkeit als Liebling der Fondsmanagerinnen und Fondsmanager gelten kann.

Das lässt sich vom dritten Konzept nicht sagen. Die zugrundeliegenden Werte unterscheiden sich nicht erheblich von denen der beiden anderen Konzeptionen, auch hier geht es um humane, soziale und kulturelle Werte sowie um Umweltgesichtspunkte. Es gibt jedoch kein quasi automatisches Ausleseverfahren, das die „guten" Unternehmen in das sogenannte Anlageuniversum (die Gesamtheit der Titel, aus denen der/die Fondsmanager/in das aktuelle Portfolio zusammenstellt) aufnimmt und die „schlechten" aussortiert. Zum Universum gehören nur solche Wertpapiere, die einer (regelmäßig wiederholten) Einzelfallprüfung eines hochrangig besetzten Ethikkomitees standhalten. Klassisches Beispiel ist der Schweizer Fonds „Prime Value", dessen Ethikkomitee von dem reformierten Theologen Hans Ruh geleitet wird. Jedes in Frage kommende Unternehmen wird Monat für Monat auf seine ethische Wertigkeit hin überprüft. Die möglichen Anlageobjekte werden dabei in vier Kategorien eingestuft: ethisch hochwertig (hoher Standard, positive Bewertung gemäß den Kriterien), ethisch positiv (positive Bewertung gemäß den Kriterien), ethisch vertretbar (Mindeststandards, Passieren der Ausschlusskriterien) und ethisch unakzeptabel (unzureichender Standard, Scheitern an den Ausschlusskriterien). Das Universum wird dann so weit wie möglich mit Unternehmen der beiden ersten Kategorien bestückt und aus der dritten Kategorie ergänzt. Die konkreten Ergebnisse der Komiteesitzungen werden den Anlegern/innen gegenüber offengelegt. Doch deren Vertrauen in die Umsetzung ihrer ethischen Ansprüche steht und fällt mit dem Vertrauen in das Ethikkomitee. Von seiner Zusammensetzung hängt es auch letztlich ab, welche ethischen Vorstellungen im Einzelnen zum Tragen kommen.

---

⁹ Apologia CA zu Art. 16 nach a.a.O., S. 336

Auch die hier im Hintergrund stehende theologische Konzeption unterscheidet klar die menschliche von der göttlichen Gerechtigkeit, so wie die lutherische Theologie die beiden Regimente auseinander hält. Aber ebenso klar wird die Gerechtigkeit Gottes zum Maßstab der menschlichen Gerechtigkeit gemacht. Huldreich Zwingli formulierte das einst so: „So ist die obergkeit darumb fürgesetzt, das sy in den dingen, zum nächsten inen möglich sye, by der götlichen grechtigkeit hinfarind".[10] In dieser Tradition steht auch die zweite These der Barmer Theologischen Erklärung, in der es heißt: „Wie Jesus Christus Gottes Zuspruch der Vergebung aller unserer Sünden ist, so und mit gleichem Ernst ist er auch Gottes kräftiger Anspruch auf unser Leben. (...) Wir verwerfen die falsche Lehre, als gebe es Bereiche unseres Lebens, in denen wir nicht Jesus Christus, sondern anderen Herren zu eigen wären."[11] Wo dieser Anspruch zum Tragen kommt, ist weder Platz für Vorstellungen eines allgemein evidenten Guten, noch für die Beschränkung auf das relativ Beste. Stattdessen werden ethische Kriterien, die theologisch betrachtet ihren Ursprung in der göttlichen Gerechtigkeit haben, in jedem Einzelfall wieder neu auf ein Anlageobjekt angewandt. Doch der zeit-, kraft- und kostenaufwändige Weg, sich und anderen sehr differenziert Rechenschaft abzulegen über die Einhaltung selbstgesetzter ethischer Ansprüche, führt sehr häufig zu ähnlichen Ergebnissen wie die beiden anderen Verfahren.

Dass sich auch in dem scheinbar so konfessionslosen Feld des Investments die altbekannten konfessionell geprägten Grundmuster wiederfinden, ist zum einen verständlich, denn es handelt sich um theologische Grundbestimmungen des Verhältnisses von Gotteserkenntnis und Weltverständnis, von Glaube und Handeln, von Rechtfertigung und Heiligung. Warum sollten diese Grundbestimmungen gerade in diesem speziellen Bereich der Wirklichkeit nicht gelten? Und doch ist es erstaunlich, dass die drei Modelle von Personen und Institutionen praktiziert werden, die, ohne es selbst in den Vordergrund zu rücken, doch eindeutig konfessionell zuzuordnen sind. Ist es denn ein Zufall, dass eine Reihe lutherisch geprägter Kirchen in

---

[10] Egli. E. et al. (Hg.) (1905ff.): Huldreich Zwinglis sämtliche Werke, Corpus Reformatorum LXXXVIIIff. Berlin, Leipzig, Zürich., Bd. II, S. 520.
[11] Burgsmüller, A. und Weth, R. (Hg.) (1983): Die Barmer Theologische Erklärung. Einführung und Dokumentation. Neukirchen-Vluyn, S. 35.

Deutschland und auch die lutherische Kirche in Finnland auf das SAM-Konzept setzen, der katholische Theologe Hoffmann vom allgemeingültigen Guten ausgeht, und in Zürich, dem einstigen Wirkungsort Huldreich Zwinglis, der reformierte Theologe Ruh an der Spitze eines Komitees nach Entsprechungen zwischen ethischen Ansprüchen und realen Wertpapieren sucht? Wo Geld aus der Tabuzone heraustritt und zum Gegenstand der Entfaltung von Konsumentenmacht, zum Instrument des Gewissens wird, da treten scheinbar in Auflösung begriffene Kategorien wieder zu Tage. Natürlich ist das Bild nicht völlig einheitlich. So sind die Mehrzahl der katholischen Kirchenbanken in Deutschland und zwei katholische Institutionen an den KCD-Union-Fonds beteiligt, die auf dem hier als „lutherisch" eingestuften SAM-Konzept beruhen.

Eine ökumenische Herausforderung ganz anderer Art stellt sich, wenn es nicht nur um die Anwendung, sondern um die Entwicklung handhabbarer ethischer Kriterien geht. Seit Jahrzehnten gibt es den konziliaren Prozess zu den Themen Gerechtigkeit, Frieden und Bewahrung der Schöpfung. Müssten es nicht diese Themen sein, an denen sich die Kriterien für ethische Investments orientieren? Gegenwärtig spielen sie eine eher untergeordnete Rolle. Nur in wenigen ethischen Investmentkonzepten kommen sie als Ziele überhaupt in den Blick. Stattdessen orientiert man sich, wenn es um die Formulierung von Kriterien geht, innerhalb und außerhalb der Kirchen stark an internationalen Selbstverpflichtungen, sei es denen einer Gruppe von Unternehmen bei der Internationalen Handelskammer in Paris oder denen von Staaten bei Gipfeln wie in Rio, Kioto oder Kopenhagen. Ist es denn unmöglich, einen weltweit geführten Diskussionsprozess in Kirchen und kirchlichen Basisgruppen zur Grundlage konkret anwendbarer Handlungsschritte zu machen? Mag sein, dass auf dem Weg von ethischen Grundsatzforderungen zu praktikablen Kriterien manches abgeschliffen wird. Doch wenn es gelänge, die Kernforderungen nach Gerechtigkeit, Frieden und Bewahrung der Schöpfung in Kriterien für ethische Investments umzusetzen, wären die Kirchen und jeder einzelne Christenmensch nicht ausschließlich darauf angewiesen, an sich und andere zu appellieren, sondern hätten es selbst in der Hand, oder besser gesagt in der Kasse, diese Ethik auch zur Wirkung zu bringen.

Peter Stoll

Ethisches Investment?

Motivation, Kriterienfindung und aktueller Stand in der evangelischen Landeskirche in Württemberg[1]

Die Bedeutung kirchlicher Investments

Das meiste dessen, was die Kirchen in der Bundesrepublik Deutschland jedes Jahr für die Förderung des Glaubens, für kirchliche Gemeinschaft, für diakonische Zuwendung, für christliche Kultur und Traditionen sowie für die kirchlich geprägte Mitgestaltung unserer Gesellschaft an finanziellen Mitteln einsetzen können, stammt aus der Kirchensteuer. Erträge aus Geldanlagen, Renten- oder Aktieninvestments spielen bei der laufenden Finanzierung der „Großorganisation" Kirche nur eine relativ geringe Rolle.

Aus Vermögenserträgen können sich die Kirchen zum Bedauern ihrer Finanzfachleute und entgegen immer wieder verbreiteter Vorurteile einiger notorischer Kirchenkritiker leider nicht finanzieren. In den laufenden Haushalten bleiben solche Einnahmen deutlich unter zehn Prozent, in der württembergischen Landeskirche zum Beispiel bei rund drei Prozent ihrer gesamten Einnahmen.

Dennoch sind die Kirchen in Deutschland ein ernst zu nehmender institutioneller Anleger. So betrug zum Beispiel das Volumen dessen, was die Einheitskasse der württembergischen Landeskirche Ende 1999 angelegt hatte, rund 715 Millionen Euro[2]. Der größte Teil davon ist direkt in Rentenpapiere investiert. Um den kleineren Teil kümmern sich eine ebenfalls nur in Renten investierte Vermögensverwal-

---

[1] Der Aufsatz basiert auf einem Statement für eine internationale Konferenz am 04. April 2001 in der Evangelischen Akademie Bad Boll
[2] Zahl aus der Bilanz der württembergischen Landeskirche per 31.12.1999 in: Jahresbericht der württembergischen Landeskirche

tung und drei gemischte Spezialfonds mit jeweils 30 % Aktien und 70 % Renten. Es handelt sich bei dem Geld im Wesentlichen um Rücklagen der Landeskirche und um treuhänderisch verwaltete Gelder der Kirchengemeinden[3].

Die rechtlichen Rahmenvorgaben für kirchliche Investments

Kirchen und kirchliche Institutionen sind bei der Ausgestaltung ihrer Investments nicht völlig frei. Sie unterliegen eigenen Regeln, die in einer „Haushaltsordnung"[4], einem „Gesetz über das kirchliche Haushalts-, Kassen- und Rechnungswesen"[5] oder einer „Ordnung für das kirchliche Finanzwesen"[6] kodifiziert sind.

Danach müssen die kirchlichen Investments folgenden Kriterien Rechnung tragen: Das Vermögen ist in seiner Substanz zu erhalten; die Anlage muss daher *sicher* sein. Weiter sollte die Anlage *höherverzinslich*, also rentabel sein. Die Mittel müssen bei Bedarf *verfügbar*, also in der nötigen Liquidität gestückelt sein[7]. Neben die finanziellen Ziele der Sicherheit der Anlagen, ihrer Rentabilität und Liquidität tritt dann noch das Erfordernis, dass die Anlagen mit dem kirchlichen Auftrag vereinbar sein müssen.[8]

---

[3] Das Thema Geldanlage bzw. sachgerechte Investments ist nicht nur bei Landeskirchen und Kirchengemeinden aktuell. Der Autor ist auch im Finanzausschuss des Lutherischen Weltbundes, im Finanzausschuss des Evangelischen Missionswerk Südwestdeutschland, im Finanzausschuss der Samariterstiftung (einer diakonischen Einrichtung mit rund 96 Millionen Euro Umsatz), in Gremien der Evangelischen Kreditgenossenschaft in Kassel (einer Kirchenbank mit mehr als 3,5 Milliarden Euro Bilanzsumme) sowie in mehreren Gremien der Evangelischen Ruhegehaltskasse Darmstadt (einer Einrichtung, die elf evangelische Kirchen zur Verwaltung ihrer Versorgungsrücklagen gemeinsam betreiben) mit dem Thema befasst.
[4] Kirchliches Gesetz über das Haushalts-, Kassen- und Rechnungswesen in der Evangelischen Landeskirche in Württemberg (Haushaltsordnung) vom 24. November 1994 (Abl. 56 S. 242)
[5] Kirchengesetz über das Haushalts-, Kassen- und Rechnungswesen in der Nordelbischen Evangelisch-Lutherischen Kirche vom 19. November 1977 (GVOBl. S. 273) i.d.F. der Rechtsverordnung vom 19. Juni 1995 (GVOBl. S. 117)
[6] Ordnung für das kirchliche Finanzwesen mit Ausführungsbestimmungen (Richtlinie nach Artikel 9 der Grundordnung der Evangelischen Kirche in Deutschland, Amtsblatt der EKD, Heft 7/99 vom 15. Juli 1999 S. 250 Anlage I)
[7] vgl. § 65 (5) der EKD-Ordnung für das kirchliche Finanzwesen ebd.
[8] vgl. § 61 (2) der württembergischen Haushaltsordnung ebd.

Zielkonflikt zwischen finanziellen Zielen und kirchlichem Auftrag?

Die finanziellen Ziele und das Ziel der Vereinbarkeit mit dem kirchlichen Auftrag stehen in den rechtlichen Regelungen auf einer Ebene. Der Gesetzgeber stellt keine Zielhierarchie her. Kirchliche Investments müssen also eigentlich alle Zielvorgaben gleichermaßen erfüllen.

Um die Gewichtung der Ziele untereinander hat es in den letzten Jahren in den deutschen evangelischen Kirchen immer wieder Diskussionen gegeben. Während manchen Finanzfachleuten vorgeworfen wurde, um der Rendite und der Sicherung der Einnahmen willen ethische Grundsätze hintan zu stellen, wurden manche wohl durchaus gut gemeinten Vorschläge vor allem ökumenischer Basisgruppen als weltfremd abgelehnt.

Als Beispiel dafür mag die Diskussion um die ökumenische Entwicklungsgenossenschaft Oikocredit[9] gelten. Die Fördervereine von Oikocredit haben in den letzten Jahren mit der Argumentation, dass dies eine ethisch verantwortungsbewusstere Investition sei, intensiv versucht, kirchliche Körperschaften dazu zu bewegen, mehr Geld bei Oikocredit anzulegen.

Die kirchlichen Finanzfachleute haben dagegen argumentiert, dass die Ziele der Sicherheit, der Liquidität und der Rentabilität verletzt wären, wenn die Kirchen mehr als einen symbolischen Teil ihres Vermögens bei Oikocredit anlegen würden. Vor allem die geringe Verzinsung des eingesetzten Kapitals von maximal zwei Prozent stünde

---

[9] Früher: EDCS. Oikocredit vergibt vorrangig Kredite in Entwicklungsländer. Um angesichts hoher Handlingkosten, Ausfall- und Währungsrisiken überhaupt eine Rendite zu erwirtschaften, muss allerdings ein beträchtlicher Teil des Kapitals in klassische Anlagen in Europa investiert werden. Auf die Kritik, dass die Schuldner in Weichwährungsländer häufig wirtschaftlich nicht in der Lage seien, Dollarkredite zurückzuzahlen, hat Oikocredit inzwischen mit der Auflage eines Fremdwährungsfonds reagiert, aus dem u.a. auch der Aufbau von kleinen Kreditgenossenschaften vor Ort gefördert werden soll.

in deutlichem Widerspruch zur Zielvorgabe „höherverzinslich" in den kirchlichen Rechtsordnungen.[10]

Bisherige Versuche zur Auflösung des Zielkonflikts

Wenig ernst zu nehmen sind Versuche, den beschriebenen Zielkonflikt dadurch zu lösen, dass man jeweils die andere Seite der Ziele ignoriert. So werden Finanzfachleute in der Kirche scheitern, wenn es ihnen nicht gelingt, dem kirchlichen Auftrag gemäße Investments zu finden. Genauso wird es in einer mit beiden Beinen in der Welt stehenden Kirche nicht möglich sein, ganz auf Rendite, Sicherheit und Liquidität der Investments zu verzichten, wie es z.b. radikale Anhänger eines theologisch begründeten Zinsverbots fordern.

Auch das additive Verfahren, nämlich beispielsweise eine symbolische Beteiligung an Oikocredit als Feigenblatt für ansonsten kirchlich unreflektierte Investments zu nutzen, vermag nicht zu überzeugen. In den letzten Jahren hat sich auch deshalb mehr und mehr als pragmatische Lösung die Orientierung an so genannten Negativlisten durchgesetzt. Dabei werden Investments, die nicht mit dem kirchlichen Auftrag vereinbar sind, auf eine Liste gesetzt. Sie sind dann von der Anlage ausgeschlossen.

In der Zeit der Apartheid haben sich die Kirchen in Deutschland dazu entschlossen, Investments daraufhin zu untersuchen, ob Unternehmen sich im Bezug auf Südafrika an bestimmte ethische Vorgaben halten. Solche Negativlisten sind aber weder eine Erfindung der deutschen Kirchen noch stammen sie aus der Zeit der Apartheid. Negativlisten sind vor allem in den USA ein seit längerem verbreitetes Hilfsmittel, um sicherzustellen, dass Investments nicht im Widerspruch zum kirchlichen Auftrag stehen. Klassische Aus-

---

[10] Die württembergische Landeskirche hat den Konflikt um Oikocredit dadurch weitgehend gelöst, dass die Beteiligung an Oikocredit nicht als Geldanlage betrachtet wird, die in der Tat höherverzinslich sein müsste. Der Erwerb von Genossenschaftsanteile von Oikocredit gilt in Württemberg als Unternehmensbeteiligung. Eine solche ist nach § 60 der Haushaltsordnung zulässig, wenn u.a. „für die Beteiligung ein wichtiges kirchliches Interesse vorliegt". Besondere Anforderungen an Rentabilität oder Liquidität der Beteiligung werden hier nicht gestellt.

schlusskriterien sind z.B. Rüstung, Alkohol, Glücksspiel und Pornographie.[11]

Negativlisten sind bei den Partnern der Kirchen im Investmentgeschäft, den Banken und den Fondsanlagegesellschaften, verhältnismäßig beliebt. Der Grund dürfte darin zu suchen sein, dass die Verantwortung für die Aufstellung der Listen beim Anleger liegt und der „normale" Investmentprozess dadurch kaum gestört wird.

Kritisch ist anzumerken, dass es sich bei den Negativlisten nicht um ein umfassendes positives Konzept handelt, dass dem kirchlichen Auftrag gemäße Anlagen ermittelt, sondern um ein Konzept, mit dem punktuell einzelne Anlagen ausgeschlossen werden, die dem kirchlichen Auftrag nicht entsprechen. Dabei mangelt es häufig an überzeugenden Begründungen, warum eine bestimmte Anlage ausgeschlossen wird und eine andere nicht.

Schließlich ist es schwierig abzugrenzen, wann ein bestimmtes Investment auszuschließen ist. Heißt das Ausschlusskriterium „Rüstung", dass nicht in Unternehmen investiert werden darf, die in irgendeiner Weise mit Rüstung befasst sind, vielleicht nur in Randbereichen? Oder müssen nur Unternehmen ausgeschlossen werden, die zu mehr als 50% im Rüstungsbereich engagiert sind?

Zunehmende Bedeutung des Themas

Die eben beschriebenen Schwächen der Negativlisten sind einer der Gründe, warum sich kirchliche Anleger momentan bemühen, neue Wege zu finden, um den Zielkonflikt zwischen dem Auftrag der Kirche und den finanziellen Zielen aufzulösen, allerdings gewiss nicht der einzige. Vielmehr scheint es so zu sein, als ob es seit einigen Jahren eine zunehmende Sensibilität der Kirchen in ethischen Fragen gibt.

Auf der Vollversammlung des Ökumenischen Rates der Kirchen (ÖRK) in Vancouver wurde schon 1983 die Bitte ausgesprochen, die

---

[11] Darauf beruht vermutlich auch der in der Bankenwelt verbreitete Scherz, als kirchliche Geldanlage sei fast alles zulässig außer „sex and drugs and rock 'n roll".

Mitgliedskirchen in einen konziliaren Prozess gegenseitiger Verpflichtung für Gerechtigkeit, Frieden und Bewahrung der Schöpfung einzubinden. Der dadurch ausgelöste Prozess hatte zum einen die Einheit der Kirchen zum Ziel; parallel dazu planten die Kirchen aber konkrete Aktionen, mit denen sie ihren Beitrag dazu leisten wollten, akute Missstände zu beseitigen oder einen generellen Prozess des Umdenkens in Gang zu setzen.

U. a. im Zusammenhang mit dem Erlassjahr 2000 hat sich das Bewusstsein dafür geschärft, dass Kirche und Diakonie auf ihr eigenes Handeln die gleichen Kriterien anwenden müssen, die sie als ethische Forderungen an die Gesellschaft richten. So scheint es, als ob sich verschiedene Bemühungen um eine größere Wachsamkeit der Kirchen in ethischen Fragen nun auch im Bereich ihres Finanzmanagements auswirken.[12] Wenn die Kirche und die Diakonie ihre Investments nicht darauf überprüfen würden, ob sie ihren eigenen ethischen Ansprüchen genügen, dann könnten sie über kurz oder lang ihre Glaubwürdigkeit in der öffentlichen Diskussion verlieren.

Einer neuer Versuch zur Konfliktlösung

Im letzten Jahr haben sich deshalb die hessen-nassauische Kirche, die württembergische Kirche und ihre Kirchenbank, die Evangelische Kreditgenossenschaft Kassel, mit Unterstützung der Evangelischen Akademie Bad Boll auf den Weg gemacht, Formen kirchlichen Investments zu suchen, die den Zielkonflikt zwischen finanziellen Zielen und dem kirchlichen Auftrag vermeiden, die von Positivlisten und nicht von Negativlisten ausgehen, die öffentlich nachvollziehbar sind, und die für Investmenthäuser ohne ethische oder kirchliche Zusatzqualifikation praktikabel anwendbar sind.

Dabei ging es nicht unbedingt darum, ein völlig neues Konzept aus dem Boden zu stampfen. Die Mitarbeitenden aus der Akademie Bad

---

[12] vgl. z.B. die Bemühungen der württembergischen Kirche um das Konzept für ein neues Finanzmanagement und Rechnungswesen, bei dem auch inhaltliche, kirchliche Aspekte angemessen zum Tragen kommen, in: Wirtschaftliches Handeln in der Kirche – Grobkonzept für ein neues kirchliches Finanzmanagement und Rechnungswesen – / Hrsg. Evangelischer Oberkirchenrat Stuttgart 1999. S. 52f.

Konziliarer Prozess
für Gerechtigkeit, Frieden und Bewahrung der Schöpfung

Als Anfang der Bewegung unter diesem Namen gilt die 6. Vollversammlung des ÖRK 1983 in Vancouver. Schlüssel dazu ist der Bericht der Fachgruppe „Für Gerechtigkeit und Menschenwürde kämpfen", in dem es heißt:

„VI. Empfehlungen an die Kirchen für ökumenisches Handeln
25. Zusammenkommen in einem Bund
a) Die Kirchen sollten auf allen Ebenen – Gemeinden, Diözesen und Synode, Netzwerken christlicher Gruppe und Basisgemeinschaften – zusammen mit dem ÖRK in einem konziliaren Prozeß zu einem Bund zusammenfinden:
- um Christus, das Leben der Welt, als den Herrn über die Götzen unserer Zeit zu bekennen ...
- um den dämonischen Mächten des Todes zu widerstehen ...
- um die Mißstände in der Wirtschaftsordnung ... zu verurteilen ...

b) Wir sollten uns eindeutig zu diesem Bund für Gerechtigkeit und Frieden verpflichten, wie Delegierte aus Mittelamerika und aus den USA dies hier in Vancouver bereits getan haben, um damit ein Zeichen für den Widerstand gegen jede Form der Unterdrückung zu setzen und um auf dem Weg zu Frieden in Gerechtigkeit einen Schritt vorwärts zu kommen."
(Bericht aus Vancouver 83, Offizieller Bericht von der 6. Vollversammlung der ÖRK, Lembeck Verlag, Frankfurt a.M., 1983, S. 116)

In der weiteren Diskussion wurde dann der Themenbereich „Schöpfung" mit eingeschlossen. Dieser stand schon auf der Tagesordnung der 5. Vollversammlung 1975 in Nairobi. Dort hatte der australische Naturwissenschaftler Charles Birch in einem eindrücklichen Vortrag zum ersten Mal eine größere ökumenische Öffentlichkeit mit der Gefährdung der Schöpfung durch das Verhalten der Menschheit bekannt gemacht.

Ein solcher Prozess hat nicht nur beim Ökumenischen Rat der Kirchen und seinen Mitgliedskirchen begonnen. So stellte die „Lausanner Verpflichtung", die zu einer Art Magna Charta der evangelikalen Bewegung geworden ist, bereits 1974 fest, dass Evangelisation und soziale wie politische Betätigung gleichermaßen zu den Pflichten der Christen gehört. Diese soziale Verantwortung der Christen zielt auf die Befreiung der Menschen von jeder Art von Unterdrückung. Diese Feststellung wurde im „Manifest von Manila" von 1989 nochmals bekräftigt.

Boll[13] haben daher zunächst versucht, einen Überblick über verschiedene vorhandene Konzepte im kirchlich-diakonischen Bereich zu finden, ohne sich dabei auf die deutschen Erfahrungen zu beschränken. Die interessantesten Ergebnisse dieser Untersuchung wurden in einer Tagung und werden in diesem Buch vorgestellt.

Nach welchen außer den schon benannten formalen Kriterien haben die Akademie, die beiden Kirchen und ihre Bank unter den zahlreichen Konzepten ausgewählt? Es lag nahe, die Wünsche, die die Kirchen an die Gesellschaft herantragen, auch auf die kirchlichen Investments anzuwenden. Die Frage, die sich daraus ergab, war, wie werden die inhaltlichen Vorgaben des Ökumenischen Rates der Kirchen von seiner Vollversammlung in Vancouver nach mehr Bemühen um Gerechtigkeit, Frieden und Bewahrung der Schöpfung am besten in ein Investmentkonzept umgesetzt?[14] Versuche, diesen Zielen gerecht zu werden, fasst man heute unter den Begriffen „Sustainability", also Nachhaltigkeit, oder „sustainable development", nachhaltige Entwicklung, zusammen.[15]

Die Akademie, die Kirchen aus Hessen-Nassau und aus Württemberg sowie die Evangelische Kreditgenossenschaft Kassel haben sich dann entschlossen, ihr Konzept vorrangig auf den einzigen öffentlich verfügbaren Index nachhaltig wirtschaftender Unternehmen aufzubauen. Es handelt sich dabei um den Dow-Jones-Sustainability-Group-Index (DJSG). Der Index ist 1999 in einer Kooperation von Dow Jones mit der SAM Sustainability Group entstanden.

---
[13] Karin Bassler und Martinus Kuhlo
[14] Es gab auch „ethische" Anlagen, die den Anforderungen nicht genügten. Beispiel: Sogenannte Ökofonds decken leider nur einen Teil der genannten Ziele (Bewahrung der Schöpfung) ab, da sie unter anderem nicht berücksichtigen, ob die Unternehmen das Ziel der Gerechtigkeit beachten, also z.B. gleichen Lohn für gleiche Arbeit an Frauen und Männer zahlen.
[15] Zur Herkunft des Begriffs: Der Begriff Nachhaltigkeit kommt eigentlich aus der deutschen Forstwirtschaft und meint, einen Wald so zu bewirtschaften, dass er dauerhaften Ertrag bringt. Das Konzept der nachhaltigen Bewirtschaftung ist dann Anfang letzten Jahrhunderts von Deutschland aus exportiert worden, in den USA übersetzt worden von Nachhaltigkeit zu Sustainability. Im Nachgang der Vollversammlung des Ökumenischen Rates der Kirchen in Vancouver, aber auch im Zusammenhang mit der Agenda 21 ist der Begriff dann in unsere Kirchen, in unsere Diskussion hier in Deutschland zurückgekehrt. Mittlerweile spricht sogar der deutsche Bundeskanzler Gerhard Schröder von Nachhaltigkeit als politischem Ziel.

Was leistet dieser Index? Für den Dow-Jones-Sustainability-Group-Index wurden mehr als zweihundert Unternehmen aus über 60 Branchen in rund 20 Ländern ausgewählt. Auswahlkriterium ist, ob das Unternehmen zu den Branchenbesten und zu den insgesamt Besten im Hinblick auf nachhaltiges Wirtschaften gehört. Berücksichtigt werden ökologische, soziale und auf das Management bezogene Faktoren. Zusätzliche Negativlisten wie etwa „exklusiv Sucht und Rüstung" sind möglich. Das Rating erfolgt durch die Schweizer SAM-Group einmal jährlich nach transparenten Kriterien.[16] Die SAM-Group ist eine von Bankhäusern und Unternehmen unabhängige Institution. Es handelt sich also um ein regelmäßiges, transparentes und unabhängiges Rating.

Konzept für Aktieninvestments

Ein Aktienfonds auf Basis des eben geschilderten Konzeptes sieht so aus, dass die im Dow-Jones-Sustainability-Group-Index exklusiv Sucht und Rüstung enthaltenen Unternehmen die Grundgesamtheit, das Anlageuniversum, bilden, aus dem eine Investmentgesellschaft auswählen kann. Die Investmentgesellschaft wählt ihrerseits nach den gleichen Kriterien aus, nach denen sie auch sonst auswählen würde, z.B. nach Wachstumschancen oder nach Performance des einzelnen Papiers.

Notwendigkeit und Konzept für Investments in Renten

Für kirchliche Anleger gelten häufig Anlagerestriktionen im Hinblick auf eine maximal zulässige Aktienquote.[17] Eine solche Begrenzung des Aktienanteils ist Ausdruck des Kriteriums „Sicherheit der Ver-

---

[16] siehe im Internet unter www.sam-group.ch
[17] vgl. Nr. 65 der Ausführungsverordnung zu § 61 der württembergischen Haushaltsordnung. Danach sind Anteile an Investmentfonds eine zulässige Anlageform, wenn sie überwiegend in Rentenpapieren investiert sind. Die rechtliche Vorgabe lautet hier also: unter 50% Aktien im Fonds. Seit November 2000 sind auch Anlageformen zulässig, bei denen der Rentenanteil und der Aktienanteil synthetisch, also z.B. durch Zusammenschau zweier verschiedener Spezial- oder Publikumsfonds dargestellt werden kann.

mögensanlage" aus den schon erwähnten finanziellen Kriterien. Für manche Anleger im kirchlichen Bereich ist daher ein Anlagekonzept, dass sich nur auf Aktien konzentriert, nicht ausreichend.

Was ist mit einem Rentenfonds nach dem gleichen Konzept? In einem Rentenfonds, der nach den gleichen Prinzipien laufen soll, dürfen natürlich Unternehmensanleihen der oben genannten Unternehmen aufgenommen werden, dazu Pfandbriefe, Anleihen von Kommunen und staatlichen oder zwischenstaatlichen Organisationen, deren Tätigkeit einer nachhaltigen Entwicklung dient, also der dritte Sektor. Aus pragmatischen Gründen, nämlich um die Diskussion um die Rüstungsproblematik zu vermeiden, wird auf Anleihen von Staaten, die ein Militär unterhalten, verzichtet.

Praktische Umsetzung

Mittlerweile sind auf Basis des geschilderten Konzeptes drei Fonds auf den Weg gebracht. In Zusammenarbeit mit allen evangelischen und katholischen Kirchenbanken in Deutschland und der Union Investment entstanden zwei Publikumsfonds, die auch kirchliche institutionelle Anleger inzwischen heftig gezeichnet haben, und zwar der „KCD-Union-AKTIEN-Nachhaltig DJSG-Index" im Aktienbereich und der „KCD-Union-RENTEN Plus Nachhaltig DJSG-Index".[18]

Einige kirchliche Anleger haben außerdem zusammen mit zwei Kirchenbanken und der Firma Invesco nach gleichem Schema einen Aktienspezialfonds aufgelegt.

---

[18] KCD steht für Kirche, Caritas und Diakonie und bezeichnet eine bestimmte Fondsfamilie, die die Kirchenbanken in Deutschland miteinander gemeinsam pflegen. In der Bezeichnung des Fonds fehlt jeglicher Hinweis auf ethische Kriterien, weil dies in Deutschland nicht zulässig ist und dazu geführt hätte, dass es keinen deutschen Publikumsfonds gegeben hätte. Ob es sich bei den Fonds um solche handelt, die aus Sicht der Anleger bestimmte ethische Kriterien erfüllen, ist letztlich ausschließlich eine Entscheidung der Anleger selber.

Warum wird nicht das ganze kirchliche Investment umgestellt?

Unsere Hoffnung, die wir mit diesem Konzept verbinden, kann man in etwa so zusammenfassen: „Ethisches Handeln muss nicht immer heroisches Scheitern sein."

Natürlich kann man hehre ethische Forderungen als Maßstab an das kirchliche Investmenthandeln anlegen. Man kann die Latte dabei sehr, sehr hoch legen, mit dem Ergebnis, dass man dann wahrscheinlich wieder in den Zielkonflikt zwischen den finanziellen Zielen auf der einen Seite und den inhaltlichen Zielen auf der anderen Seite hinein rennt, in mangelnde Praktikabilität, weil man unter Umständen nur eine sehr kleine Grundgesamtheit von ethischen Anlagemöglichkeiten findet, die so hohen ethischen Ansprüchen genügen.[19] Was Hessen-Nassau, Württemberg, die Evangelische Kreditgenossenschaft Kassel und die Evangelische Akademie Bad Boll versucht haben, ist demgegenüber als ein praktikables und einfaches Konzept zu definieren, das sich aber doch qualitativ von bisherigen Methoden abhebt.[20]

Wie geht es denn eigentlich weiter? Für die württembergische Landeskirche könnte es so weitergehen: Wenn sich das Konzept mit verschiedenen Investmentgesellschaften, in Kooperation mit verschiedenen Banken und über mehrere Jahre bewährt, dann werden wir wohl nicht darum herumkommen, unsere gesamte Geld- und Vermögens-

---

[19] Eine erste Diskussion dreht sich darum, ob Unternehmen bestimmter Branchen überhaupt in einen Nachhaltigkeitsindex aufgenommen werden dürften. In der Kritik stehen z.B. Ölgesellschaften, die zwar nachhaltig wirtschaften und sich auch kontinuierlich verbessern, aber von Kritikern grundsätzlich abgelehnt werden. Für diese Gruppe Kritiker dürften in einem Nachhaltigkeitsindex nur Unternehmen auftauchen, die z.B. Windenergieanlagen herstellen oder betreiben. Zum einen wäre bei diesen aber noch lange nicht klar, ob sie sich z.B. auch um die Verbesserung der Anstellungsbedingungen ihrer Mitarbeiterinnen und Mitarbeiter bemühen. Zum anderen sind Titel solcher Unternehmen häufig zu klein, am Markt gehandelt zu werden.
[20] Versuche der Evangelischen Kirche in Baden gehen inzwischen in eine ähnliche Richtung. Dort wird allerdings außerdem noch versucht z.B. über die Wahrnehmung von Mandaten auf Aktionärsversammlungen die Interessen der Kirchen und ihre inhaltlichen Anliegen (Gerechtigkeit, Frieden und Bewahrung der Schöpfung) noch besser ins Bewußtsein zu rücken.

anlage unter diese Bedingungen zu stellen.[21] Das setzt voraus, dass diese Form von Investment vergleichbar erfolgreich ist wie unsere bisherigen Investments. Bisher sind wir da wenigstens noch guter Hoffnung.

---

[21] Eine aktuelle Schwierigkeit besteht in der relativ kleinen Grundgesamtheit von Aktiengesellschaften, die die Bedingungen des DJSG erfüllen. Bei einer Anlage aller kirchlichen Ressourcen nach den gleichen Prinzipien könnte sich ein Klumpenrisiko ergeben. Ein weiteres Problem besteht darin, dass im DJSG-Index ein großer Anteil von Unternehmen aus dem Dollarbereich und ein kleinerer Anteil von Unternehmen aus dem Eurobereich stammen. Dadurch entsteht entweder ein zusätzliches Währungsrisiko oder eine weitere Einengung des Anlageuniversums. Es bleibt zu hoffen, dass die Anzahl nachhaltig wirtschaftender und gerateter Unternehmen auch aus dem Eurobereich steigen wird.

Sr. Mirjam Zahn

Motive für das Ethisches Investment der Communität Christusbruderschaft Selbitz

1. Die CCB stellt sich vor

Die Communität Christusbruderschaft Selbitz (CCB) ist ein Orden in der evangelisch-lutherischen Kirche. Gegründet wurde dieser 1949 von Hanna und Walter Hümmer, Pfarrer. Das Zentrum der CCB ist in Selbitz im bayerischen Oberfranken. Dort befinden sich neben dem Ordenshaus ein Gästehaus sowie ein Alten- und Pflegeheim.

Doch nicht nur in Bayern wirkt die CCB. Wir, die Ordensmitglieder, leben in verschiedenen Konventen in Deutschland. Ein weiterer Konvent in Afrika ist zur Zeit in Vorbereitung. Heute gehören zur Gemeinschaft der CCB insgesamt 120 Schwestern, fünf Brüder sowie zehn Frauen und vier Männer in Noviziat und Postulat.

2. Welche Sendung die CCB hat

Die drei Häuser der CCB in Selbitz – Ordenshaus, Gästehaus und Altenheim – spiegeln auch die Inhalte und Ziele unseres Ordens wider. Sie kennzeichnen die drei Zweige unserer Sendung, die an den einzelnen Standorten in Deutschland in unterschiedlicher Ausprägung gelebt werden:

- *Leiturgia* (der Auftrag des Gebetes) findet im *Ordenshaus* Erfüllung.
- *Martyria* (der Auftrag der Verkündigung) kommt im *Gästehaus* zum Ausdruck.
- *Diakonia* (der Auftrag des Dienens) wird im Walter-Hümmer-Haus, dem *Alten- und Pflegeheim,* verwirklicht.

"Siehe da, die Hütte Gottes bei den Menschen" (Offb 21) – dieser Satz aus der Offenbarung ist ein Grundwort der Berufung unseres Ordens. Wir glauben, dass Gott unsere Existenz dazu gebrauchen will, unter den Menschen dieser unserer Zeit und Gesellschaft zu wohnen. Unsere Regel drückt dies in anderen Worten aus: *„Gott gibt uns mit der Berufung den Auftrag: Traget mein Leben in den Tod dieser Zeit und traget meinen Tod in den Schein dieses Lebens."*

3. Wie die CCB mit Geld umgeht

Dem Leben dienen – das soll auch in unserem Umgang mit Geld zum Ausdruck kommen. Wenn ich von unserer Motivation im Blick auf unseren Umgang mit Geld spreche, dann hat das unmittelbar mit unserer Sendung zu tun: Es geht uns darum – und zwar mit allem, was wir sind und was wir haben – dem Leben zu dienen und Lebendigkeit zu fördern. Und Lebendigkeit ist tiefster Ausdruck vom Willen Gottes. Das heißt für uns Menschen: in allen Bereichen durchlässig sein für Gottes konstruktives Wirken, gerade auch in den Bewegungen und Strömungen, die wir als destruktiv und lebensverneinend oder lebenszerstörend erkennen.

Gott ist für uns der Bezugspunkt allen Seins. Das gilt auch für die Welt des Geldes, die viel prägende Macht hat und Strukturen ändern kann. Ein Weg der Veränderung lässt sich jedoch oft nur mühsam und in kleinen Schritten verwirklichen.

Die Stärke einer Gemeinschaft ist nun, dass sich ihre Mitglieder auf solch einem Weg gegenseitig ermutigen können. Es tut uns Menschen gut, ein gemeinsames Wertbewusstsein zu entwickeln und gemeinsame Werte zu leben. Wir brauchen einander, wenn wir unsere Grundstruktur des Individualismus immer wieder in ein notwendiges Bewusstsein des „Wir" verwandeln lassen wollen. Der Weg nach vorne kann nur gemeinsam gelingen.

Diese Kraft der Verwandlung darf aber nicht an den Grenzen der eigenen Gemeinschaft Halt machen. Im Folgenden werde ich an einigen Stichworten vorstellen, wie wir uns in unserem Alltag mit Themen dieses gemeinsamen Weges nach vorne beschäftigen und wie wir in diesem Zusammenhang mit Geld umgehen.

3.1. Frieden und Geld

Die CCB beschäftigt sich jedes Jahr mit einem bestimmten Schwerpunktthema, für dieses Jahr 2001 ist es „Gewaltfreiheit". Das heißt, wir setzen uns auseinander mit unseren eigenen Mechanismen in Bezug auf Gewalt (auch auf verdeckte Gewalt) und wir thematisieren unseren Umgang mit Konflikten. Auch im größeren Rahmen sprechen wir über Möglichkeiten von gewaltfreiem Widerstand und setzen uns für Opfer von Gewalt ein.

Im Blick auf ethisches Investment stellt sich im Zusammenhang mit Gewalt die Frage: Kann unser Geld dazu dienen, Kräfte des Friedens zu mobilisieren oder zu stärken? Oder wird es womöglich dazu verwendet, um lebenszerstörende Produkte herzustellen oder um Terror-Regimes zu unterstützen?

3.2. Gerechtigkeit und Geld

In unserem gemeinsamen Leben als Communität ringen wir täglich darum, uns mit all unseren Licht- und Schattenseiten durch die Augen Christi zu sehen, so dass wir einander den Raum der je eigenen Würde schenken können und Bewertungen verschiedenster Herkunft entlarven. Aus diesem sehr konkreten Übungsfeld im Kleinen erwächst für uns die Frage auch im Großen:

Kann Geld im Hinblick auf die Würde aller Menschen etwas bewegen – im positiven wie im negativen Sinne? Wird durch unser Geld der Würde von Menschen geschadet? Hier geht es besonders um Menschen aus den unteren sozialen Schichten, aber auch um Frauen, Kinder, ja, um ganze Kulturen.

3.3. Bewahrung der Schöpfung und Geld

Dem Menschsein Raum zu geben setzt auch eine intakte Umwelt voraus. Daher ist für uns von der CCB der Umgang mit Geld mit den Belangen der Natur verknüpft. Wir sind kein ökologisches Vorzeigekloster. In verschiedenen Bereichen haben wir sicherlich noch mehr

Möglichkeiten, unser Bemühen um ein Leben im Einklang mit der Schöpfung deutlicher zu leben. Aber wir versuchen an vielen Punkten konkret zu werden, wie zum Beispiel:

- differenzierte Mülltrennung,
- ökologische Gesichtpunkte beim Einkauf von Materialien (im großen und im kleinen Stil),
- Einschränken unserer Autofahrten,
- ökologischer Gartenbau,
- ökologischer Hausbau in unserem Hof Birkensee, durch die Renovierung unseres Gästehauses werden Solarenergie und Regenwassernutzung berücksichtigt.

Wir fragen: Wird mit unserem Geld der Schöpfung Schaden zugefügt? Oder wird es sinnvoll dort investiert, wo um den Fortbestand der Schöpfungsvielfalt gerungen wird?

3.4. Solidarität und Geld

Ein Zitat aus einer Umfrage unter den Schwestern der CCB zum Thema „Ethisches Investment" gibt den Kern unseres Umgangs mit Geld treffend wieder:

„Wir haben Eigentum, Bestand an Geld, Zeit, Festigkeiten nicht als etwas, was nur uns angeht, auch nicht die lästige Pflicht, ein wenig davon für die so genannten Armen abzuzweigen. Sondern wir haben dieses so genannte Kapital, das wir uns zum großen Teil nicht einmal selbst erarbeitet haben, als eine Art Vorgabe und Berufung. Das Kapital unserer Gaben steht nicht nur teilweise, sondern ganz und gar unter dem Entschluss und der Verheißung Gottes: ‚Damit will ICH mein Reich bauen' (...) Es geht also nicht um lästige Pflichten, um Kapitalminderung, sondern um eine echte Investitionschance. Es geht darum, dass Gott etwas aus unseren Beständen machen will, innerhalb und außerhalb der eigenen Kreise."

Unsere Gütergemeinschaft ist die tägliche Herausforderung an uns, solidarisch miteinander zu leben. Von dem Geld, mit dem ich als Vermögensverwalterin umgehe, habe ich keinen Pfennig selbst verdient, und doch ist es auch meines. Ich darf darauf vertrauen, dass ich bekomme, was ich brauche. Und die Schwestern und Brüder, die Geld verdienen, dürfen darauf vertrauen, dass wir alle verantwortlich im Sinne des Gemeinsamen damit umgehen (die Wurzel des gebräuchlichen Wortes „Mammon" ist das hebräische Wort „Amon" – „Vertrauen"). Wir geben „den Zehnten" weiter von dem, was wir selbst durch Gehälter und Renten verdienen.

Der Umgang mit Geld zum Wohle des Gemeinsamen setzt Teilen voraus. Mit unserem „Solidaritätsessen" machen wir uns in unserem Ordenshaus regelmäßig bewusst, dass es im größeren Rahmen ums Teilen geht: Einmal in der Woche gibt es nur eine einfache Suppe ohne Nachtisch oder zum Abendessen lediglich Butterbrot und Apfel. Das eingesparte Geld kommt der Obdachlosenarbeit eines Franziskaners in Nürnberg zugute.

Sozialverträglich, ethisch mit Geld umzugehen heißt für uns von der CCB auch, die Schwächeren zu unterstützen. Beim Einkauf, etwa von Kaffee, achten wir daher unter anderem darauf, Produkte aus fairem Handel zu beziehen.

Unsere Regel sagt: *„Lebe so mit deinen Schwestern und Brüdern, dass ein Armer durch dich nicht beschämt wird, sondern an dir gewahr wird, dass Gott gerade den Armen nahe ist."*

In Geldangelegenheiten stellen wir uns daher stets die Frage: Kann neben unseren Spenden auch Geld, das wir anlegen, so eingesetzt werden, dass diese Regel befolgt wird?

3.5. Hoffnung und Geld

Zum Thema Hoffnung steht in unserer Regel: *„Heute schon sollst du Zeichen des Neuen sein und immer wieder auch selbst Zeichen des Neuen erfahren. Zeichen – nicht mehr, aber auch nicht weniger."* Zwei Zitate von Schwestern unseres Ordens machen deutlich, wie wichtig diese Zeichen sind – und seien sie auch noch so klein und scheinbar unbedeutend:

„Nicht sagen: Es ist ja nur ein Tropfen auf heißem Stein. Oder: Die Mittel reichen nicht aus. Natürlich reichen sie nicht aus, aber da ist die Verheißung,

dass Gott seine Kraft zuschießen will. Aufhören, schlechte Erfahrungen gegen Gottes Verheißungen auszuspielen. Gerade dadurch machen wir Chancen kaputt, lähmen uns."

„Es ist das Geschäft des Glaubens, die Gegenwart, das Wirkliche, das, was nun einmal gegeben ist, mit den Augen der Liebe und der Hoffnung anzuschauen und da, in diesem Wirklichen, die Chancen Gottes wahrzunehmen, zu ergreifen."

Ethisch-ökologisches Investment ist ein konkretes Zeichen solcher Hoffnung.

4. Wie die CCB ethisches Investment umsetzt

Erst seit zwei Jahren haben wir als Gemeinschaft Berührung mit den Möglichkeiten ethisch-ökologischen Investments. Die Fragen, wie ich sie hier aufgeworfen habe, hätte ich vorher gar nicht zu stellen gewagt (als ich tatsächlich einmal den Mitarbeiter einer kirchlichen Bank fragte, was die spezifisch christliche Ausrichtung seiner Institution sei, reagierte dieser seinerzeit ziemlich hilflos). Doch mein Bild der Finanzwelt änderte sich, als ich vor zwei Jahren Professor Johannes Hoffmann und einige seiner Mitarbeiter kennen lernte, die damals ihr Projekt „Ethisch-ökologisches Rating" an der Frankfurter Goethe-Universität vorstellten.

Seit jener Zeit fließen unsere Geldanlagen Stück für Stück in Ökologische Fonds. Ein angemessener Anteil unserer Investitionen geht auch an Oikocredit. Wir sind noch längst nicht bis zur letzten Konsequenz umgestiegen, aber wir gehen hier einen gemeinsamen Weg in die richtige Richtung und werden auch weiter in der Diskussion um ethisches Investment bleiben.

Ernst Peter Langensand und Berti Meier

Ethisches Investment der Caritas Schweiz

Wer sind wir – was wir wollen

Caritas Schweiz ist eine soziale Organisation, die im Jahr 1901 vom Kapuzinerpater Rufin Steimer auf dem Hintergrund der kirchlichen Soziallehre gegründet worden ist. In ihrer hundertjährigen Geschichte hat Caritas Schweiz unterschiedliche Funktionen wahrgenommen. In der Anfangszeit verstand sie sich als soziale Bewegung mit sozialpolitischer, aufklärerischer Zielsetzung. Später wurde Caritas Schweiz zum Dachverband aller katholischen, sozialen Organisationen.

Heute ist Caritas Schweiz eines der führenden Hilfswerke in unserem Lande, das im Auftrag der Schweizer Bischofskonferenz und als Teil der kirchlichen Diakonie am Aufbau einer solidarischen und gerechten Gesellschaft mitwirken will.

Zu diesem Zwecke engagiert sich Caritas Schweiz auf zwei Ebenen:

- Auf der Ebene der konkreten Hilfeleistung im Dienste am Menschen in Not und
- Auf der gesellschaftspolitischen Ebene im Interesse der sozial Benachteiligten.

Caritas Schweiz ist ein Mehrspartenhilfswerk, das sowohl im Inland als auch im Ausland tätig ist. Die Tätigkeitsschwerpunkte, die sich an der gesellschaftlichen Entwicklung und an sozialen Problemlagen orientieren, liegen zur Zeit in den Bereichen Katastrophenhilfe, Entwicklungszusammenarbeit, Soziale Aufgaben in der Schweiz und Migration.

Caritas Schweiz ist als Verband strukturiert, dem die Regionalen Caritasstellen, die Diözesen, die meisten katholischen, sozialen Organisationen sowie unabhängige soziale Organisationen angehören.

Gleichzeitig ist Caritas Schweiz Mitglied von Caritas Internationalis, die mit ihren mehr als 140 nationalen Caritas-Organisationen eine der größten internationalen Organisationen im sozialen Bereich darstellt.

Zu den Prinzipien von Caritas Schweiz gehört es, dass sie ihre Hilfe an Menschen in Not, unbesehen von ihrer religiösen und politischen Anschauung und ihrer Zugehörigkeit zu einer Ethnie, leistet. Caritas Schweiz arbeitet mit den Menschen, die von Not und sozialer Benachteiligung betroffen sind, mit „allen Menschen guten Willens", mit gleichgesinnten Organisationen und mit der öffentlichen Hand partnerschaftlich zusammen.

Zentrale Aufgaben

Die Caritas Zentrale fördert, im Sinne des kirchlichen Auftrages, den Caritasgedanken und die Caritashaltung. Sie ist ein Animationsinstrument für die katholische Kirche in der Schweiz, erbringt Dienstleistungen für den Verband und seine Mitglieder und ist ein Hilfswerk.

Die Zentrale der Caritas Schweiz stellt ihre Hilfe im Sinne des Subsidiaritätsprinzips überall dort zur Verfügung, wo der Aufbau und die Entwicklung regionaler Aktivitäten es erfordern. Sie erfüllt zudem überregionale, gesamtschweizerische und internationale Aufgaben und fördert die Zusammenarbeit mit und unter ihren Trägerorganisationen.

Leitsätze für Finanzen

Für die Erfüllung ihrer Aufgaben benötig Caritas Schweiz finanzielle Mittel, die sie, in Übereinstimmung mit Leitbild und verbandspolitischen Grundsätzen, nach kaufmännischen Prinzipien verwaltet, einsetzt und kontrolliert. Sie dienen der Finanzierung der laufenden Aufgaben, Projekte und Aktionen und der damit verbundenen Personal- und Betriebskosten. Sie dienen überdies der Entfaltung und Sicherung des Unternehmens. In der Anlagepolitik werden die Interessen der Dritten Welt berücksichtigt.

Aufgrund von Tätigkeiten und Budgets ermittelt die Geschäftsleitung den Finanzbedarf und leitet die notwendigen Maßnahmen für die Mittelbeschaffung ein.

Der Caritas Schweiz stehen für die Finanzierung ihrer Aufgaben folgende Mittel zur Verfügung:

- zweckgebundene Spenden und Legate; die Spender bestimmen, für welchen Zweck die Spenden einzusetzen sind. Caritas Schweiz bestimmt das Wie.
- Freie Spenden und Legate; die Spender überlassen den Organen der Caritas Schweiz den Entscheid für den Einsatz der Spende.
- Kirchenopfer
- Beiträge der öffentlichen Hand
- Abgeltungen von Dienstleistungen
- eignerwirtschaftete Mittel
- Naturalspenden
- Zinserträge
- Arbeitsleistungen Freiwilliger

Geldanlagen – warum?

Der Jahresumsatz von Caritas Schweiz beziffert sich zwischen 125 Millionen Franken im Jahr 1993 und 143 Millionen Franken im Jahr 2000. Große Schwankungen bei den Finanzeingängen und zeitliche Verzögerungen der Ausgaben bei mehrjährigen Projektausführungen bedingen Finanzplanung. Die zeitliche Verfügbarkeit der Mittel zwischen Einnahmen und Ausgaben ermöglichen befristete Anlagen. Bei Großkatastrophen sind die Zeitspannen zwischen Soforteinsatz von Mitteln und mehrjährigen Wiederaufbau-Projekten mit den entsprechenden Fondsbildungen besonders ausgeprägt. Die Erträge aus den zwischenzeitlich angelegten Geldern werden vollumfänglich den entsprechenden Zweckbindungen gutgeschrieben.

Anlagepolitik

Während dem Prozess unserer Leitbilderarbeitung wurden die Ziele einer Anlagepolitik formuliert und in Richtlinien für Anlagen festgehalten. Die Anlageziele „Sicherheit", „Rentabilität" und „Liquidität" wurden mit dem Anlageziel „Sozial- und Umweltverträglichkeit" ergänzt. Damit wird eine vermehrte Ausrichtung der Vermögensanlage auf „weltverträgliche Anlagewerte" verfolgt.

Geldanlagen – welche?

Anfang der 90er Jahre wurde im unserem Verband erstmals über umweltverträgliche Geldanlagen gesprochen. Dazu beigetragen hat unter anderem auch die Umweltkonferenz von Rio. Der frühere Wertschriftenbestand wurde nach den Kriterien der Sicherheit, der Liquidität und der Rentabilität gehalten. Die meisten Anlagen erfolgten in Obligationen in- und ausländischer Währungen von ausgewiesenen und soliden Schuldnern. Aus Legaten war auch ein kleiner Anteil Aktien enthalten.

Über die formulierte Anlagenpolitik und den bewilligten Richtlinien wurde der Markt auf sozial und umweltverträgliche Anlagemöglichkeiten abgesucht. Zu wenig Platzierungsmöglichkeiten bei alternativen Banken oder zu wenig diversifizierte Fonds bei den konventionellen Banken erschwerte anfänglich die Umsetzung des Anlageziels „Sozial- und Umweltverträglichkeit". In Zusammenarbeit mit UBS Schweiz gelang es trotzdem, ein Portefeuille im obgenanten Sinn aufzubauen. Zusätzlich wurden weitere Fonds-Produkte von anderen Anbietern zugekauft, so dass wir heute einen Anteil von gegen dreißig Prozent in den genannten Titeln halten. In Franken ausgedrückt sind das 15 Millionen. Die Absicht besteht, diesen Anteil kontinuierlich auszubauen.

Lars Friedner

Ethische Investments der Schwedischen Kirche

Bis zum 1. Januar 2000 hatte die evangelische Kirche in Schweden den Status einer Staatskirche. Das heißt konkret, dass die Kirche auf nationaler Ebene von staatlichen Organen geleitet wurde. Auf der regionalen und lokalen Ebene hatten kommunale Organe entsprechende Aufgaben. Seit Beginn des vorigen Jahres ist die Schwedische Kirche weder staatlich noch kommunal, sondern laut Gesetz eine Glaubensgemeinschaft – ein Begriff, der für das schwedische Rechtsgebiet neu zu definieren war.

Während früher Staat und Kommunen in Schweden das Kapital der Kirche verwaltet hatten, übernahm diese nach der Neuregelung der kirchlich-staatlichen Beziehungen nun selbst die Verantwortung dafür. Mit den Überlegungen, wie mit Kirchenkapital am besten umzugehen sei, kamen selbstverständlich auch Fragen nach den Möglichkeiten auf ethische Orientierungen bei den Anlagen zur Sprache. Zwar hat man über ethisches Investment auch früher schon nachgedacht, zum Beispiel in der Synode, aber die Diskussionen darüber waren noch sehr theoretisch. Schließlich hatten die kirchlichen Organe vor ihrer „Entstaatlichung" noch keinen großen Einfluss auf konkrete Maßnahmen. Damals, also bevor die Staatskirche abgeschafft wurde, verwaltete die Schwedische Kirche lediglich das Vermögen einiger kleiner Stiftungen selbst. Dabei wurde allerdings durchaus über ethische Investments diskutiert.

Das Kapital der Schwedischen Kirche ist verteilt auf die nationale Ebene, die regionale Ebene und die lokale Ebene. Der Hauptteil des Kapitals besteht aus Immobilien, also Grund und Boden und Gebäude. Nur etwa ein Drittel des Kapitals wird an den Finanzmärkten platziert.

Wo soll die Kirche investieren?

Die veränderten Beziehungen zwischen Staat und Kirche haben unter anderem bewirkt, dass die Synode der Schwedischen Kirche eine neue Kirchenordnung beschlossen hat. Diese sieht vor, dass das Kapital der Kirche fortan „*in einer ethisch akzeptablen Weise und gemäß der Grundwerte der Kirche*" verwaltet werden soll. Die neue Kirchensatzung gibt jedoch keine Details vor. Die verschiedenen Organe der Kirche müssen daher – jedes für sich – selbst entscheiden, was der Beschluss der Synode praktisch bedeutet.

Die meisten Verantwortlichen auf der regionalen und lokalen Ebene der Kirche haben bisher noch nicht entschieden, wie der Beschluss der Synode in der Praxis zu realisieren ist. Die Diskussion darüber allerdings ist innerhalb der Schwedischen Kirche in vollem Gange. Die verschiedenen Kirchenorgane sind auf der Suche nach Lösungen für ein ethisches Investment, die für sie angemessen sind. Ich persönlich glaube, dass der Diskurs noch lange dauern wird. Auch auf der nationalen Ebene der Kirche, auf der ich tätig bin, müssen wir noch viel diskutieren. Wir stehen erst am Anfang des Entscheidungsprozesses.

Was hat die Schwedische Kirche bereits realisiert?

Zwei Maßnahmen, die wir bisher ergriffen haben, sind erste Schritte in die richtige Richtung. Sie sollen auch Anreiz sein, die Diskussion fruchtbar weiterzuführen. Als erste Maßnahme hat die Kirche einen Rat eingerichtet, der aus Spezialisten für ethische Fragen und Experten für Kapitalverwaltung besteht. Alle Mitglieder des Rates sind in der schwedischen Öffentlichkeit wohl bekannt. Bisher ist das Gremium erst zwei Mal zusammengekommen. Deshalb fehlt es noch weitgehend an Erfahrung, was seine Arbeit im Einzelnen bringen wird. Unsere Hoffnung aber ist es, dass der Rat uns bei komplizierten Fragestellungen über Kapitalverwaltung und Ethik nützliche Hilfestellungen geben kann.

Die zweite Maßnahme, die wir auf dem Weg zu einer sozialethischen Herangehensweise an Investments ergriffen haben, ist ein Projekt, das wir auf der nationalen Ebene der Schwedischen Kirche ins Leben gerufen haben. Ziel und Zweck ist es, die Diskussion über Ethik und Kapitalverwaltung weiter zu fördern. Im Rahmen des Projektes haben wir die für die kirchliche Kapitalverwaltung Verantwortlichen eingeladen, konkrete ethische Fragen an diejenigen Organe zu richten, die sich mit ethischen Fragestellungen befassen.

Die Leitung des Kirchenfonds, also der wichtigste Akteur bei der Kapitalverwaltung auf nationaler Ebene, ist dabei mit der Leitung der internationalen Abteilung der Kirche ins Gespräch gekommen. Wichtige Fragen dabei waren beispielsweise: Soll die Kirche ihr Vermögen so anlegen, dass Zinsen und andere Geldwerte zurückfließen? Oder soll das Kapital in erster Linie in Projekte investiert werden, welche die Welt verbessern helfen? Nach unserer Ansicht ist es für eine kirchliche Vermögensverwaltung wichtig, solche Fragen grundsätzlich zwischen den kapitalverwaltenden und den ethisch geschulten Organen auszudiskutieren. Und wir hoffen, dass die Maßnahmen, die wir jetzt auf der nationalen Ebene durchführen, später auch für die regionale und die lokale Ebene der Kirche nützlich sein werden.

Wo kann man ethisch investieren?

Was machen wir heute auf nationaler Ebene konkret mit unserem Kapital? Sind Entscheidungen über ethische Investments gefallen? Ja, aber bisher nur in begrenztem Umfang. So hat die Leitung des Kirchenfonds etwa entschieden, dass man nicht in Unternehmen investieren wird, deren Hauptprodukte Tabak oder Waffen sind. Dieser Beschluss ist den Banken und Investmentfirmen, die für unsere Kirche arbeiten, bereits verbindlich mitgeteilt worden.

Für einen kleineren Teil der nationalen Kapitalverwaltung gelten bereits etwas deutlichere und schärfere Einschränkungen, so etwa für das Vermögen verschiedener kirchlicher Stiftungen. Hier ist zum Beispiel vorgegeben, dass nicht in Aktien von Unternehmen investiert werden darf, die mit Alkohol, Glücksspielen oder Pornografie zu tun haben. All das sind freilich erst die Anfänge einer Neuorientierung. Das Gespräch innerhalb der Schwedischen Kirche über gute und ethisch vertretbare Investments geht weiter.

Unterdessen hat die Schwedische Kirche Anteile an einem neu gegründeten schwedischen Unternehmen erworben, das an der Entwicklung eines mathematischen Modells arbeitet. Mit diesem Modell können die ethische Ausrichtung und das Geschäftsrisiko eines Unternehmens zusammen bewertet werden. Auf diese Weise lässt sich der ethische Status des Unternehmens beurteilen und seine ethisch-geschäftsmäßige Tauglichkeit mit der anderer Unternehmen vergleichen. Das neue Unternehmen, in das die Schwedische Kirche jetzt investiert, arbeitet unter anderem mit dem „Ethical Investment Research Service" (EIRIS) in London zusammen.

Mit all diesen Maßnahmen hofft die Schwedische Kirche, die Diskussion über ethische Investments sinnvoll weiterzubringen. Wir werden wahrscheinlich noch lange diskutieren. Aber vielleicht ist ja auch hier – wie so oft – der Weg das Ziel.

Gert van Maanen

Das Erfolgsgeheimnis von Oikocredit – ein Traum und fünf Mirakel

1. Der Traum

Das Erfolgsgeheimnis von Oikocredit besteht aus einem Traum und fünf Mirakeln. Der Traum wurde im Jahr 1968 geboren, als die Generalversammlung des Ökumenischen Rats im schwedischen Uppsala stattfand. Diese Generalversammlung ist uns heute noch in Erinnerung als die vielleicht sozialste, die es je gegeben hat. Der Grund: Hauptredner sollte Martin Luther King sein. Der schwarzamerikanische Bürgerrechtler und Baptistenpfarrer aber war wenige Monate vorher, am 4. April 1968, ermordet worden.

Doch die Stimme von Martin Luther King wurde dennoch in Uppsala gehört. Seine Worte und sein Tod gaben den Anstoß, dass diese Generalversammlung hauptsächlich unter dem Stern von Antirassismus und Gerechtigkeit stand. Viele existenzielle Beiträge, die damals in Uppsala vorgetragen wurden, prägen noch heute das kirchliche Denken im Bezug auf diese Themen. Das „Program to Combat Racism" etwa ist in Uppsala geboren. Und auch die ersten Ansätze für Oikocredit keimten dort schon auf.

In Uppsala kamen viele Kirchenmitglieder zu folgenden Schlüssen: Es darf doch nicht sein, dass unsere Kirche mit ihren Geldern an der Rüstung für den Vietnamkrieg partizipiert, nur weil es sich hoch rentiert? Es darf doch nicht sein, dass – vor dem Hintergrund der Apartheid – mit unseren kirchlichen Geldern Krügerrand-Münzen gekauft werden, weil südafrikanisches Gold so wertvoll ist. Wo, fragten sich die Versammlungsteilnehmer, sind die Grenzen? Wo ist unsere eigene evangelische Interpretation von finanziellem Management?

Die auf der Generalversammlung in Schweden anwesenden Finanzreferenten rechtfertigten sich: *"Wir lieben die Kirche genau wie Sie, auch wir sind Kirchenmitglieder. Das, was wir für die Kirche verdienen, kann sie benutzen um zu dienen. Aber wie wir das Geld verdienen, sollten Sie uns überlassen."* Gegenstimmen wurden laut, auch von großen Persönlichkeiten wie Barbara Ward, Kenneth Kaunda oder Jan Pronk, dem späteren holländischen Entwicklungsminister: *"Sie verwalten auch das Geld meiner Großmutter, die ihr Geld einer, wie sie glaubte, moralisch-ethischen Welt anvertraut hat. Doch was muss sie nun feststellen? Das Geld wird in Aktivitäten investiert, an die meine Großmutter niemals gedacht hätte. Das geht nicht. Sie haben eine treuhänderische Rolle gegenüber den Gemeindemitgliedern und ihren Hoffnungen."*

Die Debatte in Uppsala war spannend, aber leider nicht sehr erfolgreich. Die einen waren der Meinung, man solle in erster Linie versuchen, mit Kirchengeldern so viel zu verdienen, dass die Kirche weiter funktionieren kann. Die anderen betonten, die Kirche habe vor allem die Aufgabe, ihre Gelder auch in einem christlich-ethischen Sinne zu verwalten. Das kirchliche Portfolio müsse sich deutlich von einem „Fidelity Trust" oder einem „Deutsche Bank Industrial Fund" unterscheiden. Es gebe Projekte, die man mit Kirchengeldern auf keinen Fall unterstützen dürfe. Es kam in Uppsala zu keinem Konsens zwischen den beiden streitenden Lagern.

Erst sieben Jahre später, 1975, wurde Oikocredit, damals noch unter dem Kürzel EDCS gegründet als kirchliches Instrument für „Investitionen in die Gerechtigkeit". Das Ziel von Oikocredit ist es, der Mission der Kirchen auch im finanziellen Bereich Gestalt zu geben. Es waren vor allem die deutschen Kirchen, welche die Debatte von Uppsala weitergeführt haben. Es waren die Vorschläge von AGKED, dem Kirchlichen Entwicklungsdienst in Hannover, die das Zentralkomitee des Weltkirchenrats bei dessen Tagung 1974 dazu veranlassten, entsprechende Beschlüsse zu fassen.

Gleich nach der Gründung von EDCS, dem späteren Oikocredit, sind achtzig Kirchen aus aller Welt beigetreten. Die Bischöfe und Pfarrer riefen begeistert aus: *"Wir freuen uns, dass wir dies endlich erreicht haben!"* Aber die Finanzreferenten unkten: *"In die Armen zu investieren, das ist ein Widerspruch in sich. Natürlich muss man den Armen Geld geben, aber zu erwarten, dass dieses Geld mit Zinsen wieder zurückkommt, ist doch bloß ein frommer Wunsch. Bischöfe sollten sich halt nicht mit Finanzen abgeben!"* Unter Murren haben die Finanzreferenten Oikocredit dann dennoch mit ungefähr einer Million Dollar ausgestattet und die Summe sofort abgeschrieben: *„Das Geld sehen wir niemals wieder!"* Die ersten zehn Arbeitsjahre von Oikocredit waren erwartungsgemäß ziemlich peinlich – eine unglückliche Ehe zwischen Hoffnung und Skepsis.

2. Die fünf Mirakel

Doch dann halfen, wie ich schon eingangs erwähnte, fünf Mirakel der Initiative auf den Weg zum Erfolg. Das erste Wunder waren die Förderkreise, zunächst in Holland entstanden, dann in Deutschland, in Österreich, in der Schweiz, in Kanada und in vielen anderen Ländern, insgesamt dreißig an der Zahl. 75 Prozent unseres Kapitals haben sie inzwischen eingebracht.

Hunderte von Freiwilligen sind hier aktiv. Durch die Förderkreise haben wir ungefähr 19.000 Privatpersonen sowie Ortsgemeinden usw. als indirekte Mitglieder. Es sind keine Großkapitalisten, sondern ganz normale Menschen, die sich vielleicht daran erinnern, wie es in schlechteren Zeiten aussah, und die heute sagen: *„So gut wie jetzt ging es uns noch nie. Deshalb möchten wir mit einem Teil unseres gesparten Kapitals dazu beitragen, dass jetzt auch andere daran teilhaben können."* Der Durchschnittsbeitrag beträgt 10.000 Mark. Das ist weit mehr als ein symbolischer Wert. Das ist Privatgeld, das uns zur treuhänderischen Verwaltung übergeben wurde und das nicht verloren gehen darf. Wir dürfen damit arbeiten, doch später, wenn unsere Anleger in den Ruhestand gehen, geben wir es ihnen zurück.

Das zweite Mirakel kam in Gestalt des ehemaligen niederländischen Finanzministers Wim Duisenberg, der uns in Holland Steuerfreiheit zubilligte. Er meinte damals, wenn wir niemals mehr als zwei Prozent Dividende auszahlen würden, dann sei dies ein caritativer Akt und ein symbolischer Wert, so dass der Staat keine Steuern dafür zu kassieren bräuchte. Zwei Prozent sind deshalb unser Maximum. Denen, die jetzt mürrisch ausrufen, wir benötigten doch eigentlich mehr als drei Prozent, möchte ich entgegenhalten: Dies war das Geschenk eines sozialistischen, nicht-christlichen Ministers an eine Initiative der Kirchen. Damals, so darf ich erinnern, betrug der Zinssatz ungefähr acht Prozent.

Das dritte Mirakel waren die Rückzahlungen von unseren Partnern im Süden. 85 bis 90 Prozent aller Auszahlungen sind innerhalb der letzten 25 Jahre zurückgezahlt worden. Das sind, einschließlich der Zinsen, mehr als 120 Millionen Mark. Weniger als 15 Prozent wurden abgeschrieben. Das ist eine Rückzahlungsquote, die für eine normale Bank viel zu gering wäre, aber für eine Entwicklungsbank ist sie sehr gut – für eine Entwicklungsbank, die Menschen finanziert, denen lokale Banken die Unterstützung verweigern, weil sie zu arm sind oder weil sie nicht lesen und schreiben können. Doch die Armen sind zwar arm, aber nicht dumm. Und sie sind auch nicht unzuverlässig. Ich war einer der Experten, die damals gesagt haben, dass das nicht gut gehen kann. Aber ich bin eines Besseren belehrt worden. Es ist gut gegangen.

Das vierte Mirakel zeigt erst längerfristig seine Wirkung. Es ist der positive Einfluss auf unsere Partner, unsere Kreditnehmer. Auch Arme, etwa in der Dritten Welt, brauchen Kredite: für die Beerdigung der Mutter, für die Hochzeit der Tochter oder wenn sie krank werden. Doch oft fallen gerade die Armen dann profitgierigen Kredithaien in die Hände. So dreht sich die Spirale der Armut immer weiter. Denn ein solcher Kredit schafft noch mehr Armut anstatt beim Wachsen zu helfen.

Die Menschen aus den Händen der Wucherer zu holen und ihnen einen fairen Kredit anzubieten ist unser Auftrag. Wir lassen unseren Kreditnehmern die Möglichkeit zu atmen. Wir finanzieren Hoffnung. Emotionaler Unsinn? Nein. Fakt ist, dass wir bereits 65 Millionen Euro zurückbekommen haben, und zwar von eben den Menschen, von denen man keinen Groschen erwartet hätte. Wir fragen uns: Wenn diese Armen das im Rahmen von Oikocredit geschafft haben, warum sind sie dann bei den Banken nicht kreditwürdig? Die Antwort ist, weil sie systematisch ausgeschlossen sind. Das System des Bankgeschäfts braucht Sicherheiten. Wer nichts hat, kann auch nichts empfangen. Punkt. Banken sind für Leute mit Geld da – und nicht für Leute ohne Geld.

Das fünfte Mirakel: Keiner unserer Investoren hat einen Groschen verloren. Einer, der 1985 mit 10.000 Mark bei uns eingetreten ist und jetzt in den Ruhestand geht und das Geld wieder braucht, bekommt auch seine 10.000 Mark und nicht etwa 5.344 Mark. Selbstverständlich hat es auch Verluste gegeben, diese aber haben wir aus eigenen Reserven bezahlt, die mit der Verzinsung von Darlehen aufgebaut worden sind. Wir haben zwölf Jahre lang Dividenden bezahlt, davon zehn Jahre lang zwei Prozent (das Maximum von Duisenberg), zwei Jahre lang ein Prozent. Das hing mit der asiatischen Währungskrise zusammen. Aber auch ein Prozent (das sind immerhin eineinhalb Millionen Euro) ist ein nicht geringer Betrag für unsere kleine Bank.

3. Was ist das Besondere an Oikocredit?

Es gibt drei wichtige Unterschiede zwischen Oikocredit und anderen Banken:

1. Wir verlangen keine hundertprozentige Sicherheit. Denn wir wissen, dass Geschäfts- oder Privatbanken Sicherheiten in nur höchstens zwei Prozent der Fälle tatsächlich exekutieren. Das heißt: In 98 Prozent der Fälle – das sind annähernd hundert Prozent! – ist dies nicht erforderlich. Warum also soll die Abwesenheit von Sicherheit einer Kreditvergabe im Wege stehen? Wir überprüfen sehr sachverständig, ob ein Projekt überlebensfähig ist. Und wenn wir zu dem Ergebnis kommen, dass dies zutrifft, vertrauen wir auch darauf. Siebzig Prozent unserer Partner haben weniger als siebzig Prozent an Sicherheiten zu bieten, denn sie haben am Anfang nichts.

2. Wir vergeben unsere Darlehen für einen längeren Zeitraum als dies lokale Banken tun. Die Rückzahlungsfristen bei lokalen Banken, etwa in Nicaragua oder in Ghana, betragen maximal ein bis zwei Jahre. Unsere Laufzeiten sind vier Jahre, sieben Jahre, maximal zehn Jahre. Wir nehmen ein Risiko für die Zukunft auf uns, und ein solches Risiko nehmen auch unsere Projektpartner auf sich. Trotzdem ist es uns gelungen zu überleben.

3. Wir finanzieren nur Gruppen, Dörfer oder Kooperativ-Genossenschaften, keine Privatpersonen – ganz im Geiste des alten Raiffeisen-Gedankens, nur eben in der Dritten Welt (zur Erinnerung: Friedrich Wilhelm Raiffeisen war der Sohn eines Pfarrers).

Ich bin stolz darauf, dass wir keine Erfindung von „Rotary International" sind. Mit ihrer Kapazität, mit ihrem Geld, mit ihrer Vernetzung hätte diese Organisation unsere Aufgabe natürlich leicht wahrnehmen können. Auch für die „Junior Chamber of Commerce" wäre es ein Leichtes gewesen. Aber Oikocredit ist ein eigenständiges Produkt der Kirchen. Ein Produkt von Menschen, die glauben, die bereit sind, den Armen in der Dritten Welt Kredite zu gewähren und ihnen als Gläubige entgegenzukommen.

Sind wir relevant? Ja, wir sind relevant. Sind wir effektiv? Ja, wir sind auch effektiv. Kann es besser, kann es schneller gehen? Ja, es kann besser und schneller gehen. Ob allerdings mit denselben Kosten von nur drei Prozent ist fraglich. Wir arbeiten daran. Ändern wir die Welt? Nein, die ganze Welt ist viel zu groß für uns. Wir ändern jedoch unbedingt die Welt unserer Partner. Sind wir vielleicht nur ein Tropfen im Meer? Ich glaube, das ist die falsche Metaphorik. Ein Tropfen verschwindet im Meer, wenn er das Wasser erreicht. Wir verschwinden nicht. Wir sind eher eine Kerze in der Nacht: zu wenig Licht, um eine Zeitung zu lesen, aber genug Licht, um uns von Weitem zu sehen und Hoffnung zu gestalten.

Vorhin wurde ich gefragt: *„Wenn Sie eine Kaffeeanlage für ein Dorf finanzieren – sind die Nachbardörfer dann neidisch?"* Im Gegenteil – unsere Erfahrung ist, dass sie selbst zur Eigeninitiative angeregt werden. Wir wissen, dass wir Hoffnung finanzieren in Kreisen, in denen man sich daran gewöhnt hat, sich selbst und seine Kinder als geborene Verlierer zu betrachten. Darum glauben wir, dass wir relevant sind.

4. Oikocredit in Zahlen

Einige konkrete Daten geben Einblick in die Dimensionen unseres Schaffens: Das Kapital von Oikocredit beträgt jetzt 140 Millionen Euro. Das ist selbstverständlich im Vergleich zu den Großbanken sehr wenig. Im Vergleich zu anderen sozial-ethischen Fonds liegen wir jedoch weit vorn auf der Skala. Im Süden befinden sich zur Zeit 100 Millionen Euro, davon in Projekten 75 Millionen. Die Rückzahlungen liegen bei 85 bis 90 Prozent, die Kosten bei drei Prozent, die Dividende bei zwei Prozent.

Das Stimmrecht liegt zu zwei Dritteln im Süden. Bei uns hat jeder Aktionär eine Stimme, nicht aber jede Aktie. Unsere Bank ist eine Kooperativgenossenschaft. Das bedeutet, dass die Menschen aus dem Süden über unser Wirken entscheiden. Selbstverständlich hatten unsere Kritiker anfangs diesbezügliche Bedenken: *„Da haben Leute das Sagen, die nichts davon verstehen."* Unser Erfolg nach 25 Jahren aber ist eine Bilanz, auf die man stolz sein kann.

Zwei Drittel der Stimmen befinden sich im Süden, zwei Drittel des Vorstands kommen aus dem Süden. Unsere Präsidentin ist gegenwärtig Zanele Mbeki, die Ehefrau des südafrikanischen Präsidenten Thabo Mbeki. Von unseren 68 Mitarbeitern, die wir weltweit haben (20 in Holland und 48 in Übersee), sind 54 aus dem Süden. Wir haben im Süden zwölf Zweigniederlassungen, daneben neun Landesvertretungen. Wir sind an Ort und Stelle bei den Menschen, die nicht Oxford-Englisch, nicht Hochdeutsch und nicht Norwegisch sprechen, sondern Swahili. Wir arbeiten ausschließlich mit Professionals, die mit der lokalen Situation vertraut sind. Derzeit engagieren wir uns in 280 Projekten, davon sind 80 im Mikrokreditrahmen angesiedelt, etwa 100 auf dem Agrarsektor (Vieh, Kaffee, Tee, Fisch), und der Rest in sonstigen Bereichen.

Ungefähr 52 Prozent unseres Kapitals investieren wir in diese Projekte. In den nächsten 30 Monaten streben wir an, diese 52 auf 60 Prozent zu erhöhen. Das heißt, dass wir 125 Millionen Euro in neue Projekte investieren müssen. Das sind etwa 250 Projekte mit einem Durchschnittswert von 500.000 Euro. Das ist für eine winzige Organisation wie Oikocredit ein enorm großer Auftrag. Natürlich werden wir gefragt, warum wir nicht viele kleine Projekte von je ungefähr 100.000 Euro unterstützen. Das würde aber für uns etwa den vierfachen Aufwand bedeuten, also mehr als 1.000 neue Projekte in drei Jahren. Das aber ist mit einem Budget von nur drei Prozent des Gesamtkapitals nicht möglich. Auch wir von Oikocredit müssen die Balance finden zwischen dem, was unsere Mitglieder sich erträumen, und dem, was möglich ist.

Die tatsächlichen Kosten für die Betreuung dieser Projekte betragen sechs Prozent. Drei Prozent erwirtschaften die Projekte selbst. Die anderen drei Prozent müssen verdient werden, und zwar aus der Rendite unserer Rücklagen. Und deshalb brauchen wir Rücklagen – das sei all unseren Kritikern gesagt, die unsere Aufwendungen für den Süden als zu gering erachten. Bei sechzig Prozent für Projekte etwa bedeutet dies vierzig Prozent für Rücklagen. Ohne diese vierzig Prozent – die eine Rendite von mindestens sechs Prozent haben müssen – können wir unsere Projekte nicht verwirklichen, denn sie sind sehr arbeitsintensiv. Man kann sich also leicht vorstellen, dass das Finanzmanagement mit großer Kreativität vorgehen muss – manchmal ein Drahtseilakt.

5. Eine Bitte an die Kirchen

Ich bin stolz darauf, dass es uns gelungen ist, als Initiative im Namen von 460 Kirchen aus allen Kontinenten so erfolgreich zu sein. Es ist fabelhaft, dass die Förderkreise in Deutschland – Mitglieder sind Ortsgemeinden, katholische Orden, Krankenschwestern, Lehrerinnen usw. – schon mehr als fünfzig Millionen Euro einbezahlt haben. Ich würde mir allerdings wünschen, dass auch die Urheber dieses Modells, die deutschen Kirchen, durch ihre Unterstützung von Oikocredit sichtbar bestätigen würden, dass wir ein Instrument eben dieser Kirchen sind. Wir verstehen sehr gut, dass die Kirchen anfangs das Risiko gescheut haben. Aber nach 25 Jahren, in denen niemand auch nur einen Groschen seiner Einlage verloren hat, kann man nicht mehr von einem zu großem Risiko sprechen.

Als zweiten Grund für diese Zurückhaltung hört man aus Kirchenkreisen auch immer wieder: *"Zwei Prozent Dividende sind zu wenig. Das können wir uns nicht leisten."* Meine Antwort darauf ist: *"Ach, wenn Sie neunzig Prozent Ihres Kapitals zu sechs Prozent Dividende bei der Commerzbank oder der Dresdner Bank anlegen, und die restlichen zehn Prozent Oikocredit zu zwei Prozent anvertrauen, dann beträgt Ihre Durchschnittsrendite noch immer 5,6 Prozent. Das bedeutet einen Renditeverlust von gerade einmal 0,4 Prozent. Das ist weit weniger, als man mit einem Aktienportfolio an einem Tag verdient oder verliert."*

Bei dieser Tagung in Bad Boll geht es nicht um 0,4 Prozent. Es geht um die Frage, wie viele Milliarden auf eine ethische und verantwortungsvolle Art und Weise investiert werden können, so wie es die Kirchenmitglieder von ihrer Kirche erwarten. Das ist keine einfache Aufgabe. Die meisten ethischen Fonds kommen nicht über die immer noch beliebten Negativlisten hinaus: keine Waffen, keine Drogen, kein Sex, keine Kinderarbeit usw. Positive Kriterien, wie gute Sozialpolitik, gute Umweltpolitik, gute Gesundheitspolitik sind viel schwerer zu beurteilen. Welche Firmen erfüllen diese Kriterien: Bayer? Allianz? IBM? Body Shop? Lufthansa?

Unter allen diesen Fonds ist Oikocredit eine Ausnahme:

- gegründet von Kirchen,
- gerichtet auf die Armen im Süden,
- unterstützt von tausenden Ortsgemeinden und Gemeindemitgliedern,
- effektiv,
- weitgehend anerkannt von internationalen Entwicklungsorganisationen.

Man darf allerdings keine höhere finanzielle Rendite erwarten als zwei Prozent. Dafür ist die soziale Rendite sehr hoch: dadurch, dass arme Menschen die Möglichkeit bekommen, ihre wirtschaftliche Zukunft selbst in die Hand zu nehmen. Ich kann mir gut vorstellen, dass für säkulare, am „shareholder value" orientierte Institutionen eine Teilnahme in solch einem Rahmen nicht gut vorstellbar wäre. Für kirchliche Fonds indessen sollte die Frage anders lauten, nämlich nicht, *ob* sie partizipieren, sondern nur mit *wie viel*. Um Missverständnissen vorzubeugen: Auch wir haben Verständnis für die schwierige finanzielle Lage vieler Landeskirchen seit der Wende. Dennoch sollten sie nach unserer Auffassung ihren sozial-ethischen Auftrag nicht verleugnen.

Daher möchte ich die Landeskirchen um ihre Mitarbeit ersuchen:

1. Als Instrument der Kirchen sollte Oikocredit auf die Unterstützung der Kirchen zählen können.

2. Die vielen tausend Mitglieder der Förderkreise verdienen es, dass ihre Kirche sich sichtbar über ihre Aktivitäten freut und das durch ihr Engagement kundtut.

3. Es kostet nicht viel: 40.000 Mark Renditeverlust auf eine Rücklage von einer Million Mark.

4. Das Portfolio erhält durch die Investition bei Oikocredit eine Färbung, die der kirchlichen Mission weit mehr entspricht als alle anderen ethischen Fonds.

5. In einer Zeit, in der Geld und „shareholder value" die wichtigsten Werte zu sein scheinen, sollten gerade die Kirchen eintreten für andere Werte. Mit dem Wort „careholder value" versuchen wir, diese andere finanzielle Moral zum Ausdruck zu bringen: im Namen der Kirchen – mit Unterstützung der Kirchen.

William Michael Cunningham[1]

Money and the Spirit

Markets and organized religion may be the two "most successful human social devices ever conceived."[2] This essay examines, in part, the intersection of these two devices. It is not meant to be comprehensive – this is simply an outline. The full agenda has yet to be developed. My desire is to cast more light than shadow on the subject.

I am, by training, an economist. As such, I do not claim the background in theology that may be required to speak authoritatively on matters of faith. I hope this does not make valueless the comments that follow. While I leave it to the reader to make that determination, I note the words of Nicholas Wolterstorff:

"It has been my experience that persons looking in on my disciple from the outside sometime notice things that have escaped the attention of those of us on the inside – and sometime remind us of things we have not so much overlooked as pushed to the side as features of our discipline we would rather not face up to."[3]

The European Enlightenment, operationalized as the blending of Greek philosophy and Christian faith, has lead to a growth-oriented market philosophy that measures progress as the continual improvement in the conditions for human life, or more accurately, the lives of

---

[1] My comments represent my own views and do not represent the views of the Board of Pensions of the Evangelical Lutheran Church in America.
[2] M. Douglas Meeks, The Future of Theology in a Commodity Society, in The Future of Theology: Essays in Honor of Jurgen Moltmann, edited by Miroslav Volf, Carmen Krieg and Thomas Kucharz. William B. Erdmans Publishing Company, Cambridge, U.K., 1996. Page 254.
[3] Nicholas Wolterstorff, The Travail of Theology in the Modern Academy, in The Future of Theology: Essays in Honor of Jurgen Moltmann, edited by Miroslav Volf, Carmen Krieg and Thomas Kucharz. William B. Erdmans Publishing Company, Cambridge, U.K., 1996. Page 35.

Europeans and their male descendants, after 500 years of colonialism now resident around the globe. To the extent that the dominant modes of industrial production used in realizing this "philosophy of progress" are ultimately destructive of the conditions for human life, then changes in either the philosophy or in market activities, or both, are required. This further requires markets recognize all humans as both interdependant and dependant on nature and natural life cycles.

Life has grown increasingly complex as human growth has accelerated. The world's population more than doubled over the past hundred years, moving from 2.5 billion to 5 billion people. Within the next 25 years, the world's population will increase to nearly 8 billion. All of that increase will occur in developing countries.[4] Rapid human population growth has brought with it concern about the sustainability of human development. Factor supply shortages are beginning to appear on the horizon: many have asked if we have enough arable land to support further population growth. In an article titled *"The World in the Twentyfirst Century: Challenges to Churches,"*[5] Konrad Raiser noted that:

"there are indications that if all potentially ariable land were used for food production, the earth could sustain a maximum of 12 billion people, a figure that may be reached by the end of the next century."

What guidance will market economic philosophy and theology offer when humanity reaches that point? What guidance do they offer now? Raiser notes further that:

"Already within the life span of this present generation global warming may critically affect the patterns of agricultural production and the conditions for human life. There is little time left to develop ways

---

[4] Food, Nutrition and Agriculture, No. 25 1999. United Nations Publication. Online at: http://www.fao.org/WAICENT/FAOINFO/ECONOMIC/ESN/fna25/fna25e.htm#Art1
[5] Konrad Raiser, *The World in the Twentyfirst Century: Challenges to Churches*, in: The Future of Theology. Essays in Honor of Jürgen Moltmann, edited by Miroslav Volf, Carmen Krieg and Thomas Kucharz. William B. Erdmans Publishing Company, Cambridge, U.K., 1996.

to make human life more sustainable in interaction with the natural environment. The changes required go beyond scientific, technological, or structural innovations and reach into the spiritual and moral foundations of humanity."[6]

Christian values currently have limited influence on markets. As Jurgen Moltmann noted in his essay *Christianity in the Third Millenium*, "Christianity is a young religion on this earth. It is only 2000 years old." Markets are much older: "Accounts of barter of goods or of services among different peoples can be traced back almost as far as the record of human history."[7]

With the fall of the Soviet Union and the collapse of the European Communist states, many believe the triumph of the free market, or Chicago School, economics complete.

This neoclassical school of economic thought, with its recognition that markets are active in all realms of human life and its preference for market determined solutions, was seen as the theoretical precursor to the market practices implemented after the fall. Citizens in the world's oldest Communist state made real their preference for a market based society. We may not witness a more singular validation of the power of the market in our lifetime.

But, the success of this mode of thinking challenges the church:

"No contemporary historical reality is so pervasive as the expansion of the market into every region, town and village of the world. The market is working wonders. It is changing the world, in many ways for the better. But the market will not redeem the world. The market has no power against sin, evil and death, despite our pretensions about its universal spread and effectiveness. And in many ways, it represents a juggernaut that is devouring the lives of people and communities; dissolving civic, national, and state identities; and threatening the life of nature."[8]

---
[6] Ibid. Page 4.
[7] From Encyclopaedia Britannica.
http://www.britannica.com/eb/article?eu=109305&tocid=61684-61684.toc
[8] M. Douglas Meeks. Page 254.

One church has specifically noted this phenomenon:

"Market-based thought and practices dominate our world today in ways that seem to eclipse other economic, social, political, and religious perspectives. To many people, the global market economy feels like a freerunning system that is reordering the world with few external checks or little accountability to values other than profit. Economic mandates often demand sacrifices from those least able to afford them. When any economic system and its effects are accepted without question when it becomes a "god-like" power reigning over people, communities, and creation then we face a central issue of faith."[9]

Consumption and material items have limited value from a spiritual perspective. Children may understand this better than adults do. In the U.S., there have now been dramatic incidents of school violence in eight states: *Colorado, Idaho, Oregon, Kentucky, Pennsylvania, Tennessee, Mississippi and Arkansas.* Observers viewing the situation before the fact may have expected these incidents to occur in poorer, specifically, African American communities, since these communities continue to be plagued by tragic incidents of gun violence. To date, school violence has not occurred in these communities, but given the nature of modern western society, they may yet take place there. These tragic incidents so far have taken place in affluent white communities, among children who are members of the most materially advantaged generation ever. Given this, the shootings may be the result of a modern form of juvenile nihilism, "the result of having so many compact disks from which to choose that no matter which ones we choose, we are dissatisfied because we cannot be sure we have chose what we really wanted."[10] These incidents also suggest that "evil thrives in alienation, resentment, guilt, and violation stemming from idolatry."[11]

---

[9] A Social Statement on Economic Life - Sufficient, Sustainable Livelihood for All. As Amended by the 1999 Churchwide Assembly of the Evangelical Lutheran Church in America. Online at: http://www.elca.org/dcs/economiclife.html.
[10] Stanley Hauerwas, No Enemy, No Christianity in The Future of Theology: Essays in Honor of Jurgen Moltmann, edited by Miroslav Volf, Carmen Krieg and Thomas Kucharz. William B. Erdmans Publishing Company, Cambridge, U.K., 1996. Page 32.
[11] M. Douglas Meeks. Page 260.

Looking forward, some have suggested that:

"Marxist, Keynesian, and neoclassical economics do not hold the key to the future. The assumptions of neoclassical economics about the human being, history, and the state are still governing our perceptions of the market, while the market itself, combined with new technology, seems to function out of control of neoclassical expectations and laws."[12]

Recent market fascination with the Internet validates this statement. Commentators believed the market was, for a period, operating under what appeared to be a new set of rules. While valuations have returned to more reasonable levels and neoclassical models again appear to be working, the fact that market laws apparently took a "three year holiday" points to the problems these models will have in the future.

Others suggest that:

"The ethical tasks facing humanity and... the Christian church are (1.) How to humanize the market so that it can serve a human future and (2.) How to create economy beyond the market so that the full meaning of economy can be realized for human beings and nature."[13]

After all, market rules are, ultimately, a "human construction and can be reshaped in order to make the market more humane."[14]

Many neoclassical economists and investment professionals question the premise of an "inhumane" market. They do not see a monster when they view the market. Rather, they observe an efficient set of processes and practices that bring great benefit to most of humanity. Still, markets are an impersonal and imperfect resource allocator. It is this impersonality that can be inhumane. Likewise, market imperfections, on occasion, lead to great suffering. For example, many assume that world hunger is due to a gap between food production and human population density or growth. This is false:

---

[12] Ibid, Page 255.
[13] M. Douglas Meeks, God the Economist: The Doctrine of God and Political Economy (Minneapolis: Fortress Press, 1989), pp. 47-73.
[14] M. Douglas Meeks, Page 256.

"The world today produces more food per inhabitant than ever before. Enough is available to provide 4.3 pounds every person everyday: 2.5 pounds of grain, beans and nuts, about a pound of meat, milk and eggs and another of fruits and vegetables. The real causes of hunger are poverty, inequality and lack of access. Too many people are too poor to buy the food that is available (but often poorly distributed) or lack the land and resources to grow it themselves."[15]

As a result of this market failure, 12 million children die each year from hunger and hunger related diseases.[16] This is the inhuman face of the market.

Advances in technology make this inhuman face even more worrisome. Recent progress in efforts to decode the human genome raise significant ethical, legal, and social questions. While the genome project seeks to develop scientific research that sheds light both on normal biology and on the origins of diseases like cancer and diabetes, given the impersonal manner in which markets distribute resources, there is reason to be concerned. Who will be able to afford these new gene specific therapies? Will this research lead to genetic discrimination? What longterm risk will humanity face if we, or some of us, decide to use these new genetic therapies? New technologies often have unanticipated and negative consequences. Do wealthy countries, as developers of these tools, have the right to impose the risk of unanticipated damage to the human genome on all of humanity? While the stated goal of the research is to allow for the eventual improvement human health, what does the church have to say about the market mechanisms that may get us to that point?

As with markets, technological advancements often have two faces. Human genome research provides great comfort when it confirms that "... in genetic terms, all human beings, regardless of race, are more than 99.9 percent the same. What that means is that modern science has confirmed what we first learned from ancient faiths: The most im-

---

[15] Lappe, F.M., J. Collins and P. Rosset (1998). World Hunger: Twelve Myths, p. 270. Grove Press, NY.
[16] Food First. Online at: http://www.foodfirst.org/pubs/backgrdrs/1998/s98v5n3.html

portant fact of life on this Earth is our common humanity."[17] Can the church and the market use this newly available scientific information to support the "spiritual and moral foundations of humanity?"

Some church based pension funds seek to temper market activity so that it can serve a human future and to recognize the interdependant nature of human life. To incorporate these values into their activities in the financial markets, they use a style of investing known as Social Investing, or SI:

"Social investing is the systematic incorporation of ethical values and objectives in the investment decision making process. Over the last 80 years, these values and objectives – sometimes referred to as "social screens" have evolved from simple exclusionary policies to highly nuanced evaluations of corporate behavior."[18]

Social investing by church based pension funds can serve as one instrument, outside state control or domination, used to direct the market in more humane ways.

Many believe social investing began with the Religious Society of Friends, better known as the Quakers. In 1758, the Quaker Philadelphia Yearly Meeting prohibited members from participating in the business of buying or selling humans.[19] Religious institutions have been at the forefront of social investing ever since. In general, social investors favor:
- Environmentally responsible corporate practices.
- Corporate practices that support workforce diversity.
- Corporate practices that result in increased product safety and quality.

Social investing preferences are broad, however. Certain social investors prefer not to invest in companies involved in the production of medical equipment used in performing abortions, for example.

---

[17] Remarks by former President William Jefferson Clinton on the Completion of the First Survey of the Entire Human Genome, The White House, Office of the Press Secretary. June 26, 2000.
[18] Peter B. Kinder, „Social Investing's Strength Lies in Readiness to Deal With the World's Tough Problems" Pension World, April 1993, p.11.
[19] In the interest of full disclosure, I feel it appropriate to note that I am a Quaker.

According to a study released by the Social Investment Forum (SIF), a nonprofit professional association dedicated to promoting socially responsible investing, more than 2 trillion Dollars is now invested in a socially responsible manner in the U.S. Social investments now account for about 13 percent of the estimated 16.3 trillion Dollars under professional management in the U.S.[20]

Social investors use three basic strategies:

SCREENING excludes certain securities from portfolios based on social criteria. For example, many socially responsible investors screen out tobacco company investments. Recently, "CalSTRS (the California State Teachers' Retirement System) announced the removal of more than 237 million Dollars in tobacco holdings from its investment, portfolio after 6 months of financial analysis and deliberations."[21] This is an example of a social screen at work.

SHAREHOLDER ACTIVISM. Shareholder activism efforts attempt to positively influence corporate behavior. These efforts include initiating conversations with corporate management, or dialoging, on issues of concern, and submitting and voting proxy resolutions. These activities are undertaken with the belief that social investors, working cooperatively, can steer management on a course that will improve financial performance over time and enhance the well being of the stockholders, customers, employees, vendors, and communities.

POSITIVE INVESTING involves making investments in activities and companies believed to have high and positive social impact. Positive investing activities tend to target underserved communities. These efforts support activities designed to provide mortgage and small business credit to minority and low-income communities.

---

[20] Social Investment Forum, 1999 Report on Socially Responsible Investing Trends in the United States, SIF Industry Research Program, November 4, 1999. Online at: http://www.socialinvest.org/areas/research/trends/1999-Trends.htm
[21] CalPERS Votes To Sell Tobacco Stocks, Press Release issued October 17, 2000, CalPERS Office of Public Affairs. Online at:
http://www.calpers.ca.gov/whatsnew/press/2000/1017b.htm

Social investing grafts onto markets a moral orientation that will structure activities so that they more fully support human life over the long term. It reminds us that:

"Most of the fundamental ethical codes of the great religions are based on the essential insight that human life in community and in relationship with nature is sustainable only on the basis of intentional self-limitation of power and greed."[22]

In order to have the information needed to form the basis for a rational self-limitation of power and greed and to counter the environmental externalities resulting from modern industrial production, social investing calls for changes to accounting practices. Accounting practices need to be modified to more fully reflect the true human cost of industrial production. Already, many companies are conducting "Social Audits" of their operations. A social audit is a detailed and rigorous examination of the performance of an enterprise relative to certain social objectives. Social audits provide market participants with an improved account of social and community investment activities, increased social efficiency and effectiveness, an increased ability to effectively monitor and manage social performance. Finally, social audits provide an unbiased report of corporate social achievements. Churches may have a role to play in specifying, in some detail, which social objectives should be measured.

What is needed is a market model that is not only directed toward the preservation and growth of capital, but more explicitly toward the preservation and growth of human life itself. This may call for the creation of a social investing theology. Several observers have noted that academic theology seems unable to "command attention as a distinctive contributor to public discussions in our culture."[23] By specifying a central role for theology in the marketplace, theology would again be able to command attention. Pursuing such a goal will require considerable thought and courage. But, as others have long noted, "a good

---

[22] Konrad Raiser, The World in the Twentyfirst Century: Challenges to Churches," in The Future of Theology: Essays in Honor of Jurgen Moltmann, edited by Miroslav Volf, Carmen Krieg and Thomas Kucharz. William B. Erdmans Publishing Company, Cambridge, U.K., 1996. Page 8.

deal of courage in nonconformity is needed both to preserve the identity of Christian faith and to insure its lasting social relevance."[24]

There is reason for cautious optimism. The neoclassical assumptions of the modern market assume individuals act only to maximize their own share of productive resources and capital, that is, they act only in self interested ways when executing market transactions. Further, it is assumed that such motivations fall outside the Christian discipleship that is a defining characteristic of the church and its members. The church may, however, speak to the market through SI. In this way, the church will expand the public space in which it exists. After all, while markets are ancient, they are not the only successful model of economic organization:

"History and anthropology provide many examples of economies based neither on markets nor on commerce. An exchange of gifts between communities with different resources, for example, may resemble trade, particularly in diversifying consumption and encouraging specialization in production, but subjectively it has a different meaning. Honor lies in giving; receiving imposes a burden. There is competition to see who can show the most generosity, not who can make the biggest gain. Another kind of noncommercial exchange was the payment of tribute, or dues, to a political authority, which then distributed what it had collected. On this basis, great, complex, and wealthy civilizations have arisen in which commerce was almost entirely unknown: the network of supply and distribution was operated through the administrative system. Herodotus remarked that the Persians had no marketplaces.

The distinguishing characteristic of commerce is that goods are offered not as a duty or for prestige or out of neighborly kindness but in order to acquire purchasing power."[25]

---

[23] Jeffery Stout, Ethics after Babel: The Language of Morals and Their Discontents (Boston: Beacon Press, 1998), p. 163.
[24] Miroslav Volf, „Theology, Meaning and Power", in The Future of Theology: Essays in Honor of Jurgen Moltmann, edited by Miroslav Volf, Carmen Krieg and Thomas Kucharz. William B. Erdmans Publishing Company, Cambridge, U.K., 1996.
[25] From Encyclopaedia Britannica.
http://www.britannica.com/eb/article?eu=118168&tocid=27339- 27339.toc

A social investing theology may speak to current frustrations. Jon Sobrino noted that:

"not to take seriously the possibility of God's self-manifestation in the present would mean accepting either that God no longer speaks today or that the divine word is not heard by theology."[26] God may be speaking through the market. If so, this is a voice theologians are not typically trained to hear. An SI theology may be the first step in gaining the language skills needed.

SI theology must be "shot through with mercy, that is, in its theoretical thinking it must be moved by the suffering of the victims."[27] To do otherwise may be an abdication of the responsibility Christian faith, and by extension; theology, has to transform the world. But SI theology must also be judicious, since, "there have been theologians who have confronted reality and have sought to transform it, but who..as theologians have been prepared to take it upon themselves—and they have been put to death."[28] The financial equivalent of death is bankruptcy or the loss of all capital. Church pension funds must avoid this fate. Money gives them voice in financial markets. To destroy or lose all of one's capital in the pursuit of purely social goals is an inefficient outcome. It leads to silence.

In addition, "when theology is done on the basis of the reality of this locus, important truths of God's revelation, hitherto unknown or glossed over, are rediscovered and become central. The most crying example of this is the rediscovery that liberation is a central reality... as both Vatican Instructions of 1984 and 1986 came to recognize, but which had been unknown in theology for centuries, even in progressive theology."[29]

The potential for good social investing efforts may bring is immense. Expanding market opportunity, for example, is the central mission of

---

[26] Jon Sobrino, Theology from amidst the Victims, in The Future of Theology: Essays in Honor of Jurgen Moltmann, edited by Miroslav Volf, Carmen Krieg and Thomas Kucharz. William B. Erdmans Publishing Company, Cambridge, U.K., 1996. Page 170.
[27] Ibid. Page 171.
[28] Ibid. page 173.
[29] Ibid. page 174.

community development investing, a form of positive social investing. In this way, victims are invited to participate in market activities, and welcomed into the market and what has become the world.

SI seeks to address certain fundamental contradictions:

"The primary contradiction resides... in the unjust structures of racism, sexism, and classism regarding the message of the reign of God. The disclosure and elimination of this contradiction is a societal task."[30]

Financial market participants can help eliminate these contradictions. Both theology, through the thoughtful exploration of this contradiction, and organized religion, by putting this exploration to work through SI, have a role to play in this societal task. Religious organizations can play a role by supporting market structures designed to even the distribution of wealth and contribute to the eventual creation of a just society.

For example, in seeking to address these fundamental contradictions, efforts to provide small amounts of capital to women, known as the microcredit movement, have proven remarkable successful:

"The first microcredit program was the Grameen Bank, founded by Muhammad Yunus. Almost all its borrowers are women, who tend to be poorer than men, have fewer opportunities and are much more likely to spend new earnings on their children, Grameen requires its borrowers to organize themselves into groups of five. All are cut off if one borrower defaults. They meet every week to make loan payments at commercial interest rates and critique one another is business plans. They also pledge to boil their water, keep their families small and carry out other good health practices. People who repay small and loans on time can take ones. Grameen, which now makes a profit, claims a higher repayment rate than traditional banks. One third of its two million borrowers have crossed the poverty line and another third are close."[31]

---
[30] Elisabeth Moltmann-Wendel, Does Nothing Good Dwell in My Flesh?, in The Future of Theology: Essays in Honor of Jurgen Moltmann, edited by Miroslav Volf, Carmen Krieg and Thomas Kucharz. William B. Erdmans Publishing Company, Cambridge, U.K., 1996. Page 234.
[31] Micro Loans for the Very Poor. The New York Times. Sunday, February 16, 1997.

These efforts represent a "renewal and healing of the earth, a social alteration of unjust structures (that) will ultimately be able to liberate the bodies of women."[32] These efforts have helped many, but particularly women, in these counties release and realize the "individuality and orgininality... formerly concealed under a cloak of fear, passivity, and ignorance."[33]

Some have questioned the ability of markets and market-based systems to accommodate:

"the reality of God's self-giving love, which is expressed in the logic/logos of grace. The logic of the market, exchange of commodities and the accumulation of wealth as power, gives no space for these biblically narrated relationships and practices that are governed by the excess of gifting, such as mutual self-giving, diakonia, and stewardship."[34]

SI again provides more space for investment markets to accommodate these practices. In essence, SI fully adjusts investment returns to specifically account for these components.
This gives us hope that market expansion need not come at the expense of the institutions comprising civil society. Institutions operating in the civil sphere will contract only if they abdicate their societal responsibility to moderate the influence markets have.

Social investment factors, considered externalities that standard investment market practices fail to identify, are "the things (investment practitioners and economists) have not so much overlooked as pushed to the side as features of (the) discipline they would rather not face up to" described at the beginning of this essay. For example, several Church-based pension funds seek to identify the full impact corporate activities have on the environment when they eliminate from investment consideration companies shown to have violated environmental regulations. In a sense, these investors are seeking to fully adjust financial returns to include factors not normally evalua-

---
[32] Elisabeth Moltmann-Wendel. Page 235.
[33] Ibid. Page 236.
[34] M. Douglas Meeks. Page 254.

ted. They are creating what I call a "Fully adjusted return™", or an investment return calculation that explicitly considers the mutuality inherent in the market environment.

Through the development of tools and techniques that seek to create a Fully adjusted return™, SI investors speak to the markets, detailing their desire to have investments that, over the long term, support human life.

Russel Sparkes

Ethical Investment for the Methodist Church, UK – The Central Finance Board Experience

The subject of ethical or socially responsible investment (SRI) has become a matter of general interest in the UK following new pension fund regulations that came into force in July 2000. From that date every UK pension scheme has to state its policy on social, environmental and ethical investment issues. To the best of our knowledge, this is the first time anywhere in the world that pension funds have been legally obliged to consider SRI issues. We hear that similar regulations are under consideration by the European Commission, the European Parliament, and the Federal Government in Germany.

By issuing this regulation, the British government has continued the UK tradition of being in the forefront of developments in SRI. Most UK people with an interest in ethical investment are aware that the first commercial "ethical" unit trust was launched as far back as 1984, or that the Ethical Investment Research Service (EIRIS) was founded in 1983. However, I suspect that few of them know that it was the UK Protestant churches who were the real pioneers of SRI in the UK over fifty years ago. In fact, as I will explain to you later, the Methodist Church has some useful thoughts on this subject that are almost 250 years old!

An ethical dimension to institutional investment goes back to 1948 when the modern day Church Commissioners were established with the task of managing the assets of the Church of England. The Methodist Church followed suit with the creation of the Central Finance Board of the Methodist Church (CFB) by Act of Parliament in 1960. Much has happened in the investment world over the intervening half century, yet the churches initial ethically inspired policy of avoiding investments in arms, alcohol, tobacco and gambling is still at the heart of many socially responsible investment policies today.

Although most of the mainstream denominations in the UK have an ethical investment policy, only the Church of England and the Methodist Church have teams of in-house professional fund managers. The UK is in fact unusual in this regard – a point that deserves emphasis. Churches around the world are increasingly aware of ethical issues in relation to their investments. Generally speaking however, they devise an ethical policy which is passed on to the conventional investment management firms who run their investment portfolios. The normal practice is for the ethical policy to consist of an ethical exclusion screen, devised and monitored by an external monitoring source such as EIRIS. There is probably little else that trustees of church funds who use such a model can do. However, as I hope to explain to you later, a church that employs its own professional investment team has wider options. In particular, it facilitates dialogue with the senior management of companies on social justice issues.

The obvious concern about such an approach is that it may result in a poor financial performance. In fact the Church of England investment bodies and the CFB have demonstrated that ethical convictions and investment returns can be combined successfully in the competitive world of stock market investment.

In fact, the CFB's long-term record track stands comparison with the best in the industry. We submit the returns of our pension units for assessment in the survey of over 3,000 pension funds produced by Combined Actuarial Performance Services (CAPS). Our ethical policy does not appear to have inhibited performance. But how, you may well ask, did we achieve this?

The CFB Mission Statement may shed some light on this. It states our commitment :
- to provide a high quality investment service seeking above average financial returns for investors
- to follow a discipline in which the ethical dimension is an integral part of all investment decisions
- to construct investment portfolios which are consistent with the moral stance and teachings of the Christian faith
- to encourage strategic thinking on the ethics of investment
- to be a Christian witness in the investment community

I'd like you to note the first point of the Mission Statement – it states our aim: "to provide a high quality investment service seeking above average financial returns for investors". There seems a popular belief that the adoption of ethical constraints must lead to lower financial returns. Our experience demonstrates that you can combine ethical concerns and a strong financial return. However, my point is that we actively seek to do this, using an integrated approach. This differentiates us from many commercial ethical unit trusts who seem to treat ethics and finance in separate ways, and appear to put the bulk of their effort into designing and marketing ethical exclusion criteria.

Some people may suspect that we must be held back because our ethical policy limits what we will buy. However, we attempt to compensate for areas which we exclude on ethical grounds, by having increased weightings in sectors with similar economic characteristics. (Such portfolio risk management is an important part of our work.)

However, the main reason for our long-term and sustained financial outperformance is, I believe, the fact we will only look after ethically constrained portfolios. We are specialists in what we do. In addition, our investments represent long term partnerships with company management. We look less favourably on attempts to drive short term returns at the expense or long term prospects, preferring companies with business practices which take into account the interests not only of shareholders but all others involved. These include employees, suppliers, customers and the community at large. The result seems to be above-average long-term returns for shareholders. "Good ethics is good business", is an expression we increasingly hear from company managements.

The CFB's performance record demonstrates that it is possible to combine an ethical investment policy with good financial returns. However, while this is a good practical reason for considering ethical investment, I hope that as members of staff we never forget that we are representatives of Christ's Church, with all that implies. Our objective can perhaps be defined in the words of Jesus as: "To go and make disciples of all nations, baptising them in the name of the Father and of the Son and the Holy Spirit, and teaching them to obey everything I have commanded of you" *(Mathew 28, 19-30)* One of the most important of our ethical duties, and perhaps the most easily overlooked, is to stand as a Christian witness in this most worldly of arenas.

During the course of our daily work we meet with the senior management of many companies. This enables us to ask questions about areas of ethical concern in the context of an informed interest in all aspects of their business. We also seek to instigate debate and action on certain subjects, rather than merely react to the initiative of others. The ethical standards of the companies in which we invest are just as important as the industries in which they operate, similarly notice is taken of the way our stockbrokers, money brokers and banks go about their business. To this end it is felt crucial to employ committed Christians who are genuinely seeking ethically acceptable investments.

How do we try and incorporate this into our ethical investment policy? The answer is that we try and ensure it is rooted in biblical principles and Christian theology. Much of the Old Testament is concerned with exploring the tensions of the relationship between a creator God, his people and the rest of creation placed under their stewardship. This is, we believe, the nub of Judeo/Christian ethics, in which we accept with gratitude the responsibilities of being God's redeemed people. In other words, "Christian Ethics" can be seen as the creative tension between God, humanity, and economic resources.

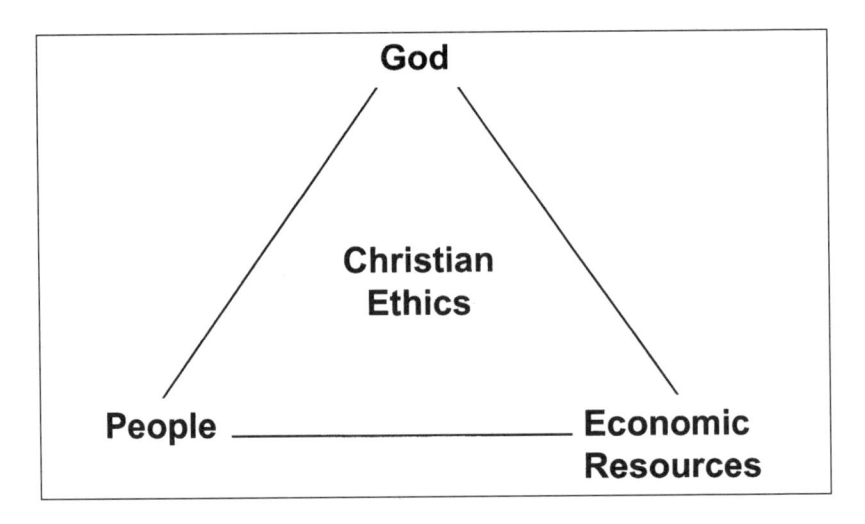

```
                    God
                   /   \
                  /     \
                 /       \
                / Christian\
               /   Ethics   \
              /              \
           People ─────── Economic
                            Resources
```

The New Testament also gives significant guidance on the subject, but now illuminated by the historical Jesus and his mission to bring justice, overthrow oppression, dispense knowledge of, and create obedience to, the law of God and build lasting peace among people. The Beatitudes provide a particularly helpful example of this teaching. We are exhorted to replace personal concerns with God's agenda. Old Testament writings coupled with the life of Jesus would indicate that this should reveal in us a desire to put injustice right and show mercy rather than condemnation for those who have done wrong. Whilst this will lead to the purification of our hearts it also indicates a framework around which to build a policy of social ethics. Developing the CFB's Mission Statement helped clarify our thoughts and objectives, but it also highlighted the need for Christian investment managers and theologians to meet to discuss the subject, to come to an understanding of all points of view, and to try and seek God's agenda.

Our Mission Statement highlights the need for us to wrestle not only with financial reports but also theological arguments. Recognising that ethics is applied faith, we have attempted to identify biblical principles upon which to hang our ethical judgements. For example:

- We are encouraged to make fruitful use of economic resources. They are after all a blessing from God which were created to be used, enjoyed and shared. However, we are accountable for their proper use so we should seek companies who act as responsible stewards.

- The activities with which we are involved through our ownership of investments should be consistent with God's nature and values. These might include assisting moves towards economic sufficiency and avoidance of inappropriate activities.

- We should also encourage those who show concern for the vulnerable and oppressed. This would lead us towards companies that do not allow truth and justice to suffer for the sake of profit.

- The effects of the Fall can be seen in all human activities. We should encourage attempts to reverse the position both environmentally and in the abuse of power.

Ethics is neither a minor side issue nor an end in itself but part of our response to the Great Commission. We should attempt to be ethically distinctive and allow the position we take to be a witness to the rest of the world. One of the oldest writings on Christian stewardship of money is the sermon by the founder of Methodism, John Wesley "The Use of Money" based on Luke 16, 9. It still provides invaluable assistance to the ethical investor. First of all he stresses the importance of the right use of money, a talent which in the hands of God's children is:

"Food for the hungry, drink for the thirsty, raiment for the naked... defence for the oppressed, a means of health to the sick... as eyes to the blind, as feet for the lame; yes a lifter up from the gates of death"

However, ends do not justify means and he goes on to say that we should gain all we can but:

"not at the expense of life nor at the expense of our health, nor without hurting our mind. Therefore we may not engage or continue in any sinful trade; any that is contrary to the law of God, or of our country ... without hurting our neighbour in his substance, nor by hurting our neighbour in his body... nor by hurting our neighbour in his soul"... gain all (you) can by common sense, by using in your business all the understanding which God has given you". and "See that you practice whatever you learn, that you may make the best of all that is in your hands".

Wesley's sermon was first published 1760, but it still remains a good set of guidelines for profitable ethical investment.

Having given you a taste of our (amateur) efforts to create a theological basis for our work, I would now like to move on and discuss how this is carried out in practice. Perhaps the most important lesson the CFB has learnt is the need for an accountable and structured approach for reaching ethical conclusions.

The keystone has been the Methodist Joint Advisory Committee on the Ethics of Investment. It was established in 1983 to provide an independent forum for debate. Membership is composed of an equal number of appointees from the CFB and the Church's unit for Church and Society with a neutral Chair. Our agenda is divided into a series of ethical subjects such as armaments, the environment, fair-trade and human rights on which regular reports are received. The aim is to have a proactive system that will "flag up" issues of ethical concern well in advance, rather than simply reacting to problems as they occur. This Committee has a formal agenda including 10 regular reporting matters.

> Alcohol and Tobacco
> Armaments
> Corporate Governance and Business Ethics
> Environment
> Fair Trade and Debt Relief
> Gambling
> Human Rights
> Medical and Good Safety Issues
> Media Ethics
> Networking – links with other churches and ethical investors

It is important to have a dynamic mechanism to cope with new developments. For instance, Medical and Food Safety is a recent addition to the list of subjects covered, whereas South Africa, once the dominant subject, no longer features. The Committee's purpose is to advise the CFB on ethical matters which relate to finance. Any investment decision rests entirely with the CFB, but the Committee is in a position to comment on those actions. In addition, a report of its discussions and the advice given must be presented each year to the Church's ruling body, the Methodist Conference.

I would like to highlight the last ethical agenda item – i.e. networking. Both the CFB investment team and the Advisory Committee are keen that we develop international contacts. SRI issues increasingly take place on a global basis, and it is important therefore to have a network of local contacts, mostly churches but also including other SRI groups. We have managed to build up such a network in the North America, which Investment Manager Bill Seddon and I visit fairly regularly, and also in Australia. However Europe is an area of great interest to us – we have over 60 million Euro invested in Continental European equities, and we feel we are lacking such contacts here. (Incidentally, it seems likely that over the long-term the UK will fulfil its other traditional role of joining European institutions late and with much grumbling, i.e. that eventually we will join the Euro zone. If that happens, Continental Europe will ultimately merge with the UK as our "domestic" market.)

It is very important to be as open as possible and to allow people to judge for themselves whether stated ethical principles are carried out in practice. In 1992 we began to publish our portfolios in full providing the opportunity for anybody to question a holding they felt to be inappropriate. The result, surprisingly perhaps, was a significant drop in criticism. Our portfolios are also independently scrutinised by the ethical investment research organisation, EIRIS. I would identify three useful functions that it serves for us:

    a) as an independent verification of our ethical stance
    b) as a means of "flagging up" problem areas
    c) to show how our portfolio compares with the overall equity market, and how it changes over time.

The charts of EIRIS are based upon a series of ethical questions using a scoring system that attempts to weight the seriousness of ethical concerns. The EIRIS Ethical Overview provides some objective analysis of our ethical performance just as CAPS provides an independent view of our financial returns, although it also important to note that the ethical screen is a relatively blunt instrument.

To minimise the chances of being taken by surprise by the vast array of possible pitfalls we find it very helpful to be in close contact with others who are involved in this area. Services provided by PIRC, the pension investment research consultant, the UK Social Investment Forum and EIRIS are important. We have also recently agreed to take on an environmental rating service provided by Innovest. However, it is the ethical network we mentioned earlier that has proved to be invaluable. In particular, our relationships with other churches both in the UK and overseas with whom we can exchange ideas and information.

In the past it may have been sufficient for ethical specialists merely to avoid certain companies. This is no longer the case. Few issues are cut and dried. Widely diversified companies may well have some exposure to an ethical problem. In our view, these are best tackled by raising the subject with the management and encouraging the company to change. This strategy is particularly effective in the US where by working together the faith communities have demonstrated considerable power. In the UK it has been the growing willingness of pension funds to use their influence on corporate governance issues which has been most noticeable.

Ethics, like a thread, is inextricably woven into all we do. We do not manage any other type of portfolio, reducing the temptation to bend the rules or just forget about the special requirements of one client among many. In addition we have a Board which is committed to the concept of ethical investment. It scrutinises our investment activity and insists on regular reports relating to ethical matters, accepting responsibility for the ethical policy implemented in its name. The result of our structured approach is, we believe, a recognition that we take the question of ethical investment seriously. Even if some people disagree with our actions and decisions, there appears to be level of comfort within the Church over the way we tackle the subject.

Over the years we have been asked by other churches to handle their investment portfolios, but the CFB was legally unable to help non-Methodists organisations. However, in 1996 we set up Epworth Investment Management (EIM), an IMRO regulated company which can offer its services to other churches and charities. I mentioned earlier that the Beatitudes have been an important influence on our thinking. They are followed by the passage (Matt 5, 13–14) which begins:
"You are the salt of the earth ... You are the light of the world."

This inspired the logo we have adopted for EIM of a candle flame and stylised cubes of salt. This more than anything else encapsulates what we believe the churches should be attempting to do with their investments. Difficult questions should be asked of companies to illuminate what they do which, like salt in a wound, may irritate but ultimately cleanse. We must allow the spotlight of public scrutiny on our own work. We must be open about what we do, admit when we make mistakes whilst in humility we attempt to provide a superior service which attracts attention. If we fail to do these things we are:
"no longer good for anything except to be thrown out and trampled by men."

In other words we should seek to be salt and light so that:
"our light may shine before men that they may see our good deeds and praise our Father in Heaven".

Paul Gräsle

Ethische Kriterien für Geldanlagen im Bereich der Evangelisch-methodistischen Kirche in Deutschland

Durch Beschluss ihrer Synode für Deutschland (Zentralkonferenz) im Herbst 2000 legt die Evangelisch methodistische Kirche (EmK) ihr Geld nach ethischen Kriterien an. Dem ging ein jahrelanger Diskussionsprozess voraus, der hier nur angedeutet werden kann:

Argumente für eine EmK-Geldethik

Seit Beginn des konziliaren Prozesses für Gerechtigkeit, Frieden und Bewahrung der Schöpfung (GFS) Ende der Achtziger beschäftigten sich die GFS-Ausschüsse der EmK mit ökonomischen Fragen, insbesondere auch mit „Geld". So legte einer unserer GFS-Ausschüsse bereits 1990 seiner Synode (SJK) ein Papier „Umgang mit Geld" vor, das nach dem Raster „Sehen, Urteilen, Handeln" aufgebaut war und in dem deutlich wurde, dass Geldfragen mit unserem Glauben zusammenhängen und in dem bereits Konzepte ökonomischer Einflussnahme beschrieben wurden (z.B. Kritische Aktionäre). Unterstützend wirkte sicherlich auch, dass es in der EmK eine lange Tradition für das Eintreten wirtschaftlicher Gerechtigkeit gab und gibt – bis zurück zum Kirchenbegründer John Wesley. Basierend auf dieser Tradition kam es z.B. im Zusammenhang mit Südafrika per Kirchenvorstandsbeschluss zu Kontenkündigungen bei entsprechenden Banken.

Die EmK ist Teil der weltweiten United Methodist Church (UMC). Schon seit Anfang des 20. Jahrhunderts hat sie sich „Soziale Grundsätze" gegeben, die bis heute fortgeschrieben und aktualisiert werden. Seit den Zeiten des Vietnam-Krieges wurde in den USA Geld nach ethischen Kriterien angelegt. Ab 1992 gibt es von der UMC entsprechende Geldanlage-Beschlüsse. Das Anknüpfen an diese Beschlüsse war ein wichtiger Faktor zum Durchbruch der Geldethik in Deutschland. Die Vorarbeiten der EmK-Geldethik übernahm ein vom Kirchenvorstand eingesetzter Ausschuss, der sich zur Hälfte aus Mitgliedern der Geldausschüsse und zur Hälfte aus GFS-Ausschüssen zusammensetzte.

Widerstände

Die Emk ist eine evangelische Freikirche, die sich ausschließlich aus freiwilligen Spenden ihrer Mitglieder und Freunde finanziert. Ein verantwortlicher Umgang mit Geld und demokratische Kontrollorgane hatten deshalb schon immer – von der Kirchenleitung bis zur einzelnen Gemeinde – einen hohen Stellenwert. Dass es in unserer Zeit zusätzlich ethischer Kriterien bedarf, war von den Geldverantwortlichen zunächst nicht einsehbar, ja sie empfanden Vorstöße in Richtung Geldethik als persönlichen Angriff auf ihre Fachkompetenz (und blockierten teilweise trotz beschlossener Gesprächsempfehlungen Gespräche mit der „Gerechtigkeits-Seite"). Dazu kommt, dass viele EmK-Gemeinden in Deutschland eher politisch abstinent sind und deshalb Skrupel haben, mit Geld Einfluss auf die Politik zu nehmen.

Ausblick

Die EmK ist dabei, ihre Beschlüsse umzusetzen. Während sie schon seit vielen Jahren Geld auch bei EDCS (jetzt Oikokredit) angelegt hatte, hat sie jetzt begonnen, Geld auch in ethischen Fonds anzulegen. Der Weg zur vollen Umsetzung kann allerdings nur als Prozess gesehen werden. Langer Atem ist weiterhin nötig! Die GFS-Ausschüsse haben 2001 eine umfangreich Kampagne gestartet, um auch Einzelne zu einem ethischen Geldumgang zu motivieren – und sind auf reges Interesse gestoßen! Grundansatz muss bleiben, dass unsere finanziellen Mittel von Gott gegebene Ressourcen sind, die „der Herrschaft Gottes auf Erden dienlich sind" (aus dem ZK-Beschluss von 2000).

Beschluss der Zentralkonferenz München 2000 für die EmK in Deutschland (Adaption des Generalkonferenz-Beschlusses CS-11676-3000-R von 1992/1996)

I. Grundlagen

Die United Methodist Church (im Folgenden Evangelisch-methodistische Kirche bzw. EmK) und die Kirchen, die ihr vorangingen, haben in ihrer Geschichte immer wieder Zeugnis für die Gerechtigkeit im wirtschaftlichen Handeln abgelegt. John Wesley und die frühen Methodisten und Methodistinnen haben sich beispielsweise energisch gegen den Sklavenhandel, Schmuggelei und übermäßigen Konsum eingesetzt. John Wesley weigerte sich sogar, Tee zu trinken, weil dieser mit dem Sklavenhandel in Verbindung stand. Die Sozialen Grundsätze, die unsere Vorgängerkirchen seit 1908 vertraten, betonten den Aspekt der sozialen Gerechtigkeit in der Welt der Wirtschaft. Besondere Beachtung fand dabei das Vorgehen gegen die Kinderarbeit und unmenschlich lange Arbeitszeiten.

Im 20. Jahrhundert hat unsere Kirche sich stets für angemessene Arbeitsbedingungen und das Recht auf Organisationsfreiheit (z.B. Bildung von Gewerkschaften) und Tarifverhandlungen eingesetzt. Sie hat sich gegen Benachteiligung am Arbeitsplatz aufgrund von Rasse, ethnischer Herkunft, Geschlecht, Alter oder Behinderung stark gemacht. Aus unserer Tradition heraus nahmen wir von jeher keine kirchlichen Investitionen vor in Unternehmen, die Alkohol- oder Tabakerzeugnisse herstellen oder das Glückspiel fördern.

Seit den 60er Jahren haben unsere Kirche und ihre Vorgängerinnen eine solide Grundlage erarbeitet, die unsere ethischen Überzeugungen bei Investitionsentscheidungen widerspiegelt. Behörden und Konferenzen der United Methodist Church haben gegen die Herstellung von Napalm gekämpft. Sie haben sich in Fragen der sozialen Gerechtigkeit engagiert, die von Aktionären und Aktionärinnen aufgebracht worden waren, die aus ihrem christlichen Glauben heraus motiviert waren. Mitte der 70er Jahre begann der General Council on Finance and Administration (GCFA), offizielle Richtlinien der sozialen Verantwortung bei allgemeinen Investitionen der EmK zu erarbeiten.

Während uns das Thema der wirtschaftlichen Sanktionen gegen das Apartheidsystem in Südafrika mehr beschäftigt hat als alle anderen Themen, haben Behörden, Konferenzen, Gemeinden, Werke und Einrichtungen und einzelne Mitglieder der EmK darüber hinaus aus dem Glauben heraus den Blick auch auf Geschäfte im Zusammenhang mit vielen anderen Themen gelenkt. Z.B. Benachteiligung in der Arbeitswelt, Umweltschutz, Militarismus, Herstellung nuklearer Waffen sowie Missbrauch von Säuglingsmilchprodukten.

Wir bekräftigen, dass alle finanziellen Mittel der Kirche und ihrer Mitglieder von Gott gegebene Ressourcen sind, die uns treuhänderisch zur Nutzung oder Anlage übertragen wurden, und zwar in einer Weise, die der Herrschaft Gottes auf Erden dienlich ist. *(alternative Formulierungen: „dem Willen Gottes" oder „dem Reich Gottes" dienlich)*

Wir erkennen außerdem an, dass jede Investition auch ethische Dimensionen hat. Geldanlagen haben sowohl finanzpolitische als auch soziale Konsequenzen. Wir glauben, dass soziale Gerechtigkeit und soziale Nützlichkeit ebenso wie finanzielle Sicherheit und finanzieller Ertrag bei der Geldanlage durch Behörden, Werke und Einrichtungen sowie Gemeinden und einzelne Mitglieder der EmK eine Rolle spielen müssen. Sozialverantwortliche Investitionen christlicher Institutionen und Einzelner müssen diese beiden Seiten berücksichtigen.

Aus unserem Glauben heraus und dessen ethischer Konsequenz wurden drei Leitsätze erarbeitet, die uns helfen sollen, das Kapital der Kirche ethisch vertretbar anzulegen:

1. **Auflösung oder Vermeidung von Kapitalanlagen**

Diese Zielsetzung verbietet Investitionen in Unternehmungen, die Methoden oder Praktiken anwenden, die christlich-ethisch nicht zu vertreten sind. Unsere Glaubensgemeinschaft hat traditionell Investitionen in die Alkohol- und Tabakindustrie sowie in Glücksspielunternehmungen vermieden. Viele kirchliche Anleger/Anlegerinnen haben sich geweigert, in große militärische Auftragnehmer, Unternehmen mit Verträgen zur Herstellung oder Lieferung nuklearer Waffen oder Unternehmen, die unter dem früheren Apartheid-Regime

Geschäfte mit Südafrika abwickelten, zu investieren. In einigen Fällen haben sie sich von Geldanlagen in solchen Unternehmen getrennt, haben ihre Trennung öffentlich gemacht und damit ein klares christlich-ethisches Profil gezeigt.

2. Förderung ethischer Kapitalanlagen

Diese Strategie besteht darin, Unternehmungen, in die investiert werden soll, bewusst auf der Grundlage einer genauen Einschätzung der Rendite, sowohl was soziale Werte und soziale Gerechtigkeit als auch was finanzielle Sicherheit und finanzielle Gewinne angeht, auszuwählen. Für Anleger/Anlegerinnen der EmK zeigen die *Sozialen Grundsätze* und das *Book of Resolutions* die allgemeinen sozialen Ziele auf, die alle unsere Investitionen fördern sollen. Mit der Förderung ethischer Kapitalanlagen können wir darüber hinaus sehr konkrete soziale Ziele verfolgen wie z.b. den Bau erschwinglicher Wohnungen, die Erneuerung eines bestimmten Stadtviertels oder die Förderung des Unternehmertums für diejenigen, die traditionell davon ausgeschlossen sind

3. Verantwortliches Handeln als Aktionär/Aktionärin durch Einflussnahme

Die Praktiken der Unternehmen, in welche die Kirche investiert, entsprechen u.U. nicht den ethischen Leitlinien der *Sozialen Grundsätze* und des *Book of Resolutions*. Verantwortliches christliches Investieren beinhaltet auch den Versuch, Unternehmenspolitik zum Besseren zu verändern und positive Ansätze zu fördern. Als Aktionäre/Aktionärinnen in Unternehmen haben christliche Investoren/Investorinnen auf verschiedene Art und Weise – von sanfter Überredungskunst bis hin zu öffentlichem Druck, vom Dialog bis hin zum Gebrauch von Stimmrechtsvollmachten – die Unternehmensführung dazu gebracht, Entschließungen der Aktionäre/Aktionärinnen aufzunehmen. In vielen Fällen hat sich dadurch die Unternehmenspolitik geändert.

II. Unsere Zielsetzung und ihre Umsetzung

Die Zielvorstellungen der Generalkonferenz der EmK, ihrer Behörden und der von ihr geleiteten Organisationen sind folgende:

1. So viel wie möglich in Organisationen zu investieren, die einen positiven Beitrag für die Kommunen, die Staaten und die Welt leisten, auf die sie Einfluss haben, und die sich für die Umsetzung der Ziele einsetzen, wie sie in den Sozialen Grundsätzen und dem Book of Resolutions unserer Kirche dargelegt sind.

2. Anwendung von sozial-verantwortlichen Methoden, die zu wirtschaftlicher Gerechtigkeit und Unternehmensverantwortung beitragen:

2.1 *Auflösung oder Vermeidung von Kapitalanlagen* an Unternehmen, die:

 a) Tabakerzeugnisse oder alkoholische Getränke herstellen oder Glückspielunternehmen leiten oder besitzen oder hauptgeschäftlich die Produktion, den Vertrieb oder Verkauf pornographischen Materials betreiben;
 b) innerhalb der letzten drei Jahre zu den größten Auftragnehmern des Verteidigungsministeriums zählten (also diejenigen, die das höchste Hauptkontraktvolumen erhielten) oder bei denen wesentliche Produktionsanteile *(mehr als 5% des jährlichen Bruttoumsatzes)* aus Rüstungsgütern bestehen;
 c) Teile für Atomwaffen herstellen oder
 d) chemisches oder biologisches Kriegswaffenmaterial herstellen;
 e) *dem christlichen Schöpfungsauftrag widersprechen, z.B. Bereiche der Gentechnik.*
 Bei der Bewertung von Firmen zu a) bis e) ist auf neutrale Aussagen wie z.B. des Stockholmer SIPRI-lnstituts zurückzugreifen.

2.2 *Förderung ethischer Kapitalanlagen* durch bevorzugte Investitionen in Unternehmen, Banken, Fonds oder stärker risikobehaftete Unternehmen, die bestimmte, von der Kirche als wichtig erkannte soziale Ziele verfolgen, also Unternehmen, die z.B.:
 a) Recycling und Verwendung von Recyclingprodukten fördern;

b) gesetzliche Grenzwerte für giftige Chemikalien, Lärm und Energieerzeugung bis hin zur Wassererwärmung einhalten bzw. deutlich unterschreiten;
c) keine chemischen oder gentechnisch veränderten Substanzen verkaufen, die im Herkunftsland des Unternehmens selbst verboten sind;
d) in Wohnungen für Menschen mit geringerem Einkommen investieren;
e) die eine positive Bilanz bei der Einstellung und Beförderung von Menschen haben, die aufgrund von Geschlecht, Herkunft oder Rasse benachteiligt sind;
f) Menschen gehören, die aufgrund von Geschlecht, Rasse oder Herkunft benachteiligt werden.
Die Bewertung erfolgt wie bei .2.1 (durch neutrale Institutionen).

2.3 Engagement als kritische/r Aktionär/in, der/die die Vertretung seiner/ihrer Aktionärsrechte wahrnimmt, um Unternehmen zu überzeugen, unverantwortliches Verhalten zu beenden und sich an christlich-ethischen Kriterien zu orientieren. Dies kann in folgender Weise geschehen:
a) Schriftverkehr mit der Geschäftsführung über die Unternehmenspolitik und den eigenen Standpunkt;
b) Dialog mit der Geschäftsführung;
c) Stimmrechtsvollmachten und Bitte um Erteilung der Stimmrechtsvollmacht in einer bestimmten Sachfrage;
d) bei den Aktionärsversammlungen zu Abstimmentscheidungen auffordern oder sie mittragen;
e) auf den Aktionärsversammlungen das Wort ergreifen;
f) auf Änderung der Unternehmenssatzung hinarbeiten;
g) Öffentlichkeitsarbeit;
h) mit anderen betroffenen Aktionären/Aktionärinnen zusammenarbeiten;
i) Petitionen zur Änderung der Vollmachtsregelung beim Bundestag in Berlin einreichen und das BAWe (Bundesaufsichtsamt für das Wertpapierwesen) darüber informieren.

3. Aufrechterhaltung und Förderung von wirtschaftlichem Druck gegenüber Staaten, die Menschenrechte nicht einhalten.

III. Beschlussfassung (über die Umsetzung)

1. Die Zentralkonferenz (ZK) überträgt dem Kirchenvorstand und dem Ständigen Ausschuss für finanzielle Angelegenheiten die Verantwortung für die Verbreitung und Einhaltung der Geldanlagen nach den ethischen Kriterien der EmK, die von allen Einrichtungen der ZK, die Kirchenmittel erhalten und verwalten, angewandt werden. Der christlich-ethischen Verantwortung ist dabei besondere Aufmerksamkeit zu schenken. Der Kirchenvorstand überprüft und aktualisiert gegebenenfalls diese Richtlinien in regelmäßigen Abständen und holt den Rat der ZK-Organe und Einrichtungen und anderer betroffener Teile der Kirche ein. Der Kirchenvorstand fördert die aktive Beteiligung investierender ZK-Organe und Einrichtungen an der Zusammenstellung christlich-ethisch verantwortliche Investitionen, wie sie in den vorliegenden Zielvorstellungen beschrieben werden.

2. Diese Zielvorstellungen werden außerdem allen Kirchengliedern der EmK, die Geld anlegen und denjenigen, die finanzielle Dienstleistungen in Anspruch nehmen, empfohlen.

Henry Schäfer

Ethisch motiviertes Anlageverhalten deutscher Nonprofit Organisationen mit religiöser Zwecksetzung

Ergebnisse einer explorativen empirischen Erhebung

1. Einleitung

Eine nach ethischen Prinzipien ausgerichtete Kapitalanlage integriert zusätzlich zu den gängigen ökonomischen Determinanten – Rendite, Risiko und Liquidität – ethische Aspekte in die Anlageentscheidung. Ethischen bzw. werteorientierten Kapitalanlagen liegt somit zusätzlich eine Orientierung an außerökonomischen Wertmaßstäben zugrunde, und sie erweitern die klassischen Anlagekriterien zur Beurteilung der Vorteilhaftigkeit von Kapitalanlagen um die Dimension nicht-finanzieller Eigenschaften. Die ethische Kapitalanlage beansprucht insbesondere die Integration sozialer und/oder ökologischer Ethik-Kriterien in Anlage Entscheidungsprozesse.[1]

Eine werteorientierte Kapitalanlage kann prinzipiell vermeidend oder unterstützend erfolgen.[2] Ein Anleger kann vermeidend investieren, indem er ethisch ausgerichtete, d.h. ökologische und/oder soziale Handlungsanforderungen an Emittenten von Anlagefazilitäten formuliert. Eine anschließende Portfolioselektion wird daraufhin von der Erfüllung der Ausschluss- bzw. Negativkriterien durch alternative Anlagefazilitäten bestimmt (sog. „Portfolio-Screening") und domi-

---

[1] Die nachfolgenden Ausführungen stellen eine Kurzfassung einer umfangreichen Studie dar (vgl. hierzu Schäfer, H./Gülle, A./Schwarzer, Ch., Gesellschaft, Wirtschaft und Ethik – Das Anlageverhalten von Nonprofit-Organisationen im Umfeld ethisch-ökologischer Determinanten – Ergebnisorientierte Zusammenfassung einer empirischen Untersuchung, Berichte aus dem Forschungsprojekt Ethische Finanzdienstleistungen, Universität Siegen, Bericht 04/2000, Januar 2000).

[2] Vgl. Mächtel, T., Erfolgsfaktoren ökologisch ausgerichteter Anlagefonds im deutschsprachigen Raum, Bamberg, 1996, S. 157.

niert die anlageindividuellen Rendite-/Risikoeigenschaften.[3] Dem gegenüber kann aus ethischen Motiven unterstützend investiert werden, indem gezielt bestimmte Branchen oder Unternehmen bei einer Portfolioselektion präferiert werden. In diesem Sinne werden Positivkriterien verwendet, die ein bestimmtes ethisch erwünschtes unternehmerisches Handeln ausdrücken. Das vorfindbare Marktangebot an ethisch strukturierten Kapitalanlagen besteht i.d.R. aus verschieden gewichteten Mischungen von Positiv- und Negativkriterien. Ergänzend finden sich mittlerweile Nachhaltigkeits-Ansätze (sog. „Sustainability-Konzepte"), in denen in der Portfolioselektion nicht von vornherein mittels Positiv-/Negativkriterien Anlagefazilitäten bestimmter Emittenten ausgeschlossen werden. In diesem Ansatz werden innerhalb einer Qualitäts-Klasse von Emittenten bezüglich deren Grad an Erfüllung von Nachhaltigkeitskriterien durch das Portfolio-Management diejenigen Anlagemöglichkeiten mit den (relativ) vorteilhafteren Rendite/Risiko-Eigenschaft ausgewählt.

Zu ethisch motivierten Kapitalanlegern gehören grundsätzlich sowohl private als auch institutionelle Investoren. Zu letzteren zählen treuhänderische Verwalter meist umfangreicher Geldvermögen wie z.B. Versicherungen, Fondsgesellschaften, Pensionskassen, aber auch Nonprofit-Organisationen wie Kirchen, Stiftungen oder Wohlfahrtsorganisationen.[4] Nonprofit-Organisationen verfolgen bei der Kapitalanlage zwar ebenso wie erwerbswirtschaftliche Unternehmen finanzielle Ziele, sind aber in erster Linie motiviert, die ideellen Ziele und Werte der Organisation zu fördern. Die ethisch-ökologische bzw. ethisch-soziale Kapitalanlage eröffnet Nonprofit-Organisationen grundsätzlich einen Weg, die Prinzipien, Grundsätze und Werthaltungen der Organisation auch bei Anlageentscheidungen zu berücksichtigen.[5]

---

[3] Vgl. Schäfer, H., Ethische Finanzdienstleistungen – Ein Forschungsaufriss zu Marktstrukturen, kapitalmarkttheoretischen Besonderheiten und absatzwirtschaftlichen Konsequenzen, Berichte aus dem Forschungsprojekt Ethische Finanzdienstleistungen, Universität Siegen, Bericht 02/2000, März 2000.
[4] Schäfer, H./Türck, R., Gesellschaft, Wirtschaft und Ethik – Rahmenbedingungen ethischer Finanzdienstleistungen, Berichte aus dem Forschungsprojekt Ethische Finanzdienstleistungen, Universität Siegen, Bericht 01/2000, Januar 2000.
[5] Vgl. Solomon, L.D./Coe, K.C., Social Investments by Nonprofit Corporations and Charitable Trusts: A Legal and Business Primer for Foundation Managers and other Nonprofit Fiduciaries, in: UMKC Law Review, Vol. 66, 1997, S. 214.

Begriff und Charakteristika von Nonprofit – Organisationen im Allgemeinen

Nonprofit-Organisationen operieren als „Dritter Sektor" (gemeinnütziger, unabhängiger oder freiwilliger Sektor) zwischen Unternehmen und öffentlichen Einrichtungen. In Deutschland werden Nonprofit-Organisationen neben der Bezeichnung „nichterwerbswirtschaftliche Organisationen" häufig auch unter dem Begriff der „Organisationen ohne Erwerbszweck" geführt, worunter eine große Vielzahl unterschiedlicher Organisationsformen gefasst wird. Hierzu zählen unter anderem Vereine, Verbände, Stiftungen, Umweltgruppen, Wohlfahrtsorganisationen sowie Kirchen und kirchliche Hilfswerke.[6] Gemeinsames Merkmal dieser Organisationen ist, dass ihr Organisationszweck nicht primär auf Gewinnerzielung, sondern auf Bedarfsdeckung entsprechend ihrer Mission ausgerichtet ist.

Angesichts der Vielfalt an institutionellen Ausprägungen und Aktivitäten im Nonprofit-Bereich ist ein eindeutiges Konzept für die zwischen Markt und Staat anzusiedelnden intermediären Organisationen bisher nicht verfügbar. Es werden dagegen meist unterschiedliche Eigenschaften aufgeführt, die als Definitionsmerkmale verwendet werden können. Folgende Abgrenzungen herrschen vor:

- Eine weit verbreitete Form der Abgrenzung findet über den steuerlichen Status der Organisationen statt. Demzufolge sind Nonprofit-Organisationen in Deutschland im Wesentlichen als gemeinnützige Organisationen im Sinne der Abgabenordnung zu verstehen.

- Eine weitere Abgrenzung erfolgt über die Einkommensquellen der Organisationen. Von diesem Ansatz geht die Volkswirtschaftliche Gesamtrechnung aus, im Rahmen dessen die Deutsche Bundesbank regelmäßig die gesamtwirtschaftlichen Aktivitäten von Nonprofit-Organisationen im Sinne von Organisationen ohne Erwerbszweck erhebt.

---

[6] Vgl. Reichard, C., Der Dritte Sektor – Entstehung, Funktion und Problematik von „Nonprofit"-Organisationen aus verwaltungswissenschaftlicher Sicht, in: Die Öffentliche Verwaltung, H. 9, 1988, S. 363.

- Ferner kann über die Funktionen und Zwecke dieser Organisationen definiert werden. Demzufolge streben Nonprofit-Organisationen primär nach Sachzielen und unterscheiden sich dadurch von den erwerbswirtschaftlichen Unternehmen, die vorrangig Formalziele wie z.B. Maximierung des Unternehmenswerts verfolgen.

Eine weitere Definitionsgruppe charakterisiert Nonprofit-Organisationen strukturell-operational durch fünf idealtypische Merkmale.[7] Demzufolge haben Nonprofit-Organisationen einen institutionellen Aufbau und weisen als solche einen gewissen Formalisierungsgrad auf. Nonprofit-Organisationen sind ferner als private Organisationen institutionell vom Staat getrennt, was auch in der synonym verwandten Bezeichnung Nichtregierungsorganisation (NRO) deutlich wird. Sie weisen ein Minimum an Selbstverwaltung bzw. Entscheidungsautonomie auf und sind durch ein Mindestmaß an Freiwilligkeit gekennzeichnet, das sich in Mitgliedschaft, Engagement oder der Abgabe finanzieller Ressourcen an diese Organisationen (z.B. Spenden) konkretisiert. Ergänzend sei als weiteres Kennzeichen der strukturell-operationalen Definition auf die sog. Nichtausschüttungsrestriktion hingewiesen. Dies bedeutet, dass erwirtschaftete Gewinne einer Nonprofit-Organisation i.d.R. aus Satzungsgründen oder aufgrund von Mitgliederbeschlüssen nicht ausgeschüttet werden dürfen. Sie müssen dem Organisationszweck zugeführt werden, was vom Vorgang her finanzwirtschaftlich als Selbstfinanzierung zu bezeichnen ist. In dieser Hinsicht sind aus wirtschaftlichen Überlegungen grundsätzlich kaum besondere Unterschiede zwischen unterschiedlichen Nonprofit-Organisationen festzustellen, so dass die vorangegangenen Überlegungen im Prinzip auch auf Nonprofit-Organisationen der Bereiche Religion und kirchliche Hilfswerke übertragen werden können.

2. Generelle Besonderheiten im finanzwirtschaftlichen Gebaren von Nonprofit-Organisationen

Im Zentrum finanzwirtschaftlicher Aktivitäten der meisten Nonprofit-Organisationen steht das Streben nach Akquisition von Finanz-

---

[7] Vgl. Salamon, L.M./Anheier K.H., In Search of the Nonprofit-Sector I: The Question of Definitions, in: Voluntas, No. 2, 1992, S. 134 ff.

mitteln zur Realisierung des individuellen Sachziels. Nonprofit-Organisationen finanzieren dabei ihre Tätigkeitsbereiche in der Regel aus unterschiedlichen Einnahmequellen.[8] Ebenso wie bei anderen Wirtschaftssubjekten ist es das Ziel von Nonprofit-Organisationen, einen stetigen Strom an Einkünften im Sinne einer finanziellen Vorsehbarkeit, gewünschten zeitlichen Struktur sowie betraglichen Höhe zu erzielen. Zur Minimierung des Risikos unvorhersehbarer Änderungen im Einkünftestrom (relativ zum geplanten Ausgabenstrom aufgrund der Erstellung der Organisationsleistungen) streben Nonprofit-Organisationen daher nach dem Prinzip der Diversifikation häufig (und sofern möglich) ein Bündel alternativer Finanzierungsquellen (Ressourcenmix) an, dessen Optimum durch ein minimales finanzielles Risiko, definiert als Abweichung der tatsächlichen von den erwarteten Einkünften, bestimmt ist.[9]

Im Unterschied zu erwerbswirtschaftlichen Unternehmen stehen Nonprofit-Organisationen vor dem Problem, dass eine Ausweitung ihrer Tätigkeiten und ihres Leistungsangebots nicht notwendigerweise mit einer Erhöhung der Einkünfte korrespondiert.[10] Außerplanmäßige oder zusätzliche Leistungen können daher oft nur durch separate Fundraising-Aktivitäten der Organisation beschafft werden. Aus den prozessualen Besonderheiten wirtschaftlicher Aktivitäten von Nonprofit-Organisationen und ihrem Erfordernis zur Generierung von externen Einkünften als zentrale Finanzierungsquellen resultieren für die Anlage überschüssiger Finanzmittel entscheidende Konsequenzen. Hierfür kennzeichnend ist, dass (mit Ausnahme von Stiftungen) das Finanzvermögen von Nonprofit-Organisationen überwiegend aus vorübergehenden überschüssigen Einkünften gespeist wird und aufgrund der Unsicherheit zukünftiger Einkünfte und/oder Ausgaben kurzfristig liquidierbar sein muss.

---

[8] Vgl. Nährlich, S., Was sind die und was bleibt von den Besonderheiten der Nonprofit-Organisationen? Eine ökonomische Betrachtung, in: Arbeitskreis Nonprofit-Organisationen (Hrsg.), Nonprofit-Organisationen im Wandel: Ende der Besonderheiten oder Besonderheiten ohne Ende?, Stuttgart, 1998, S. 228.
[9] Vgl. Kingma, B.R., Portfolio Theory and Nonprofit Financial Stability, in: Nonprofit and Voluntary Sector Quarterly, Vol. 22, 1993, S. 105-111.
[10] Vgl. Hankin, J.A./ Seidner, A.G./ Zietlow, J.T., Financial Management for Nonprofit-Organizations, New York u. a., 1998, S. 51.

3. Nonprofit-Organisationen und mögliche Affinität zu ethisch ausgerichteter Kapitalanlage

Eine Erhebungszielsetzung der empirischen Studie, aus der nachfolgend Ergebnisse vorgestellt werden, richtete sich auf eine mögliche inhaltliche Verknüpfung des Sachziels einer Nonprofit-Organisation mit deren finanzwirtschaftlichem Ziel. Mangels der Verfügbarkeit empirischer Studien zum Kapitalanlageverhalten von Nonprofit-Organisationen wurde für die empirische Erhebung aus theoretischen Erwägungen die Hypothese formuliert, dass neben dem Leistungs- auch das Finanzgebaren, resp. die Anlagepolitik von den ethischen Grundsätzen einer Nonprofit-Organisation mitbestimmt wird. Zu diesem Zweck wurde eine sog. *„Missions-Hypothese"* hinsichtlich der zu vermutenden Bestimmungsgründe in der Geldanlagepolitik formuliert. Ausgangspunkt war die Überlegung, dass die meisten Nonprofit-Organisation anstelle eines wirtschaftlichen Organisationsziels eine bestimmte Mission verfolgen, auf die i.d.R. aus der Bezeichnung der jeweiligen Organisation zurück geschlossen werden kann. Die jeweilige Organisationsbezeichnung verkörpert damit Identität und Selbstverständnis einer Organisation, ihre Werthaltung und Organisationsphilosophie sowie ihre maßgeblichen Grundsätze zur Erreichung ideeller Zielsetzungen. Religionsnahe Nonprofit-Organisationen führen daher bereits mit ihrer Namensgebung implizit einen Selbsteinordnungsprozess durch, um so Externen unmittelbar und kostengünstig ihre Mission zu signalisieren.

Konstitutiv beziehen sich religionsnahe Nonprofit-Organisationen dabei auf eine spezifische Gründungsmission, einen konkreten inhaltlichen Sinn, mit dem bestimmte Werte oder eine organisationsspezifisch definierte Moral verbunden ist. Diese Orientierung kann durchaus auch in einem Spannungsfeld zu ökonomischen Größen stehen: Nonprofit-Organisationen aus dem Bereich Religion müssen sowohl mit dem Medium „Sinn" und „Glaube" als auch mit dem Medium „Geld" umgehen.

Ausgehend von den besonderen Zielsetzungen und Werthaltungen dieser Organisationen ist ein Zusammenhang zwischen dem ethischen Ziel, d.h. bei religionsnahen Nonprofit-Organisationen überwiegend in Form von sozialem Bewusstsein dieser Organisationen, und ihrem Anlageverhalten theoretisch konstruierbar und wird für die hier vorliegende Untersuchung als *„Missions-Hypothese"* formuliert: In Anbetracht der ansonsten für Externe nur unvollständig zugängigen Informationen zur Identifikation der (wahren) Zwecksetzung von Nonprofit-Organisationen aus dem Bereich Religion wird deren Namensgebung als Signal interpretiert, mit der eine Zuordnung in eine bestimmte, funktionale Klasse von Nonprofit-Leistungen möglich wird (z.b. karitative Leistungen). Ferner wird argumentiert, dass Nonprofit-Organisationen allgemein aufgrund einer in der Namensgebung signalisierten Nähe zu ethischen Zielsetzungen eine Affinität im Finanzmanagement, resp. der Anlagepolitik, zu einer Strategie besitzen, die nicht nur anhand monetär abgeleiteter Parameter wie Rendite, Risiko oder Liquidität durchgeführt wird, sondern darüber hinaus nicht-monetäre Parameter in den Anlagemotiven berücksichtigt.

4. Design und Durchführung der Befragung

Im Rahmen einer empirischen Untersuchung wurde daraufhin das Anlageverhalten von Nonprofit-Organisationen (ohne Stiftungen) unter Berücksichtigung vorgenannter Hypothesen untersucht. Innerhalb der umfangreichen Untersuchung wurden Nonprofit-Organisationen aus den Bereichen Religion sowie Umwelt-, Natur- und Tierschutz befragt. Anschließend werden ausschließlich die Ergebnisse bezüglich Nonprofit-Organisationen mit religiösem bzw. kirchlichem Bezug wiedergegeben und an ausgewählten Stellen mit den Erhebungsergebnissen bezüglich der Restgruppen aus der Erhebung – Nonprofit-Organisationen des Umwelt-, Natur- und Tierschutzes – kontrastiert.

Grundsätzliches Untersuchungsziel war es herauszufinden, welche Handlungsbesonderheiten und Strukturen im Finanz- resp. Anlagemanagement von Nonprofit-Organisationen aus dem Bereich Religion kennzeichnend sind und inwieweit ethisch-soziale oder ethisch-ökologische Aspekte im Entscheidungsprozess der Kapitalanlage bereits integriert sind, bzw. in naher Zukunft nach Auskunft der befragten Nonprofit-Organisationen mitberücksichtigt werden sollten.

Für die Durchführung der Untersuchung war eine statistische Grundgesamtheit zu definieren, die nach räumlichen, zeitlichen und sachlichen Kriterien eindeutig abgrenzbar sein musste. Dadurch ist definiert, welche Merkmalsträger zur Grundgesamtheit gehören. Die für die schriftliche Befragung notwendigen Adressen als statistische Grundgesamtheit wurden mit dem Verzeichnis „Verbände, Behörden, Organisationen der Wirtschaft" des Verlags Hoppenstedt spezifiziert. Grundlage der daraufhin folgenden Selektion waren die Vorgaben der „Missions-Hypothese", d.h. die Bezeichnungen der jeweiligen Organisationen wurden untersucht, um Rückschlüsse auf zu vermutendes ethisch-ökologisches bzw. ethisch-soziales Anlageverhalten bzw. -präferenzen ziehen zu können. Zunächst wurden gemäß der von Hoppenstedt vorgegebenen Klassifikation Organisationen aus den Bereichen Natur-, Landschafts-, Tier- und Umweltschutz, Entwicklungshilfe, Religion, Wohlfahrtswesen und Stiftungswesen selektiert. Es wurden Haupt- und Unterorganisationen berücksichtigt. Geografisch wurde eine Einschränkung auf das Territorium der Bundesrepublik Deutschland vorgenommen.[11] Die Befragung ist als Teilerhebung in Form einer nicht zufälligen Auswahl ohne Wahrscheinlichkeitswerte konzipiert.[12] Sie ist im strengen statistischen Sinn nicht repräsentativ und dient einer explorativen Erkundung von Anlagestrukturen und -präferenzen.[13]

---

[11] Aufgrund dieser Auswahl ergaben sich 852 Adressen, die in eine Adressdatenbank für die Erstellung des Begleitschreibens als Serienbrief überführt wurden. Dabei wurden ein doppelt vorhandener Datensatz gelöscht sowie eine unvollständige Adresse korrigiert, so dass schließlich 851 Adressen zur Verfügung standen. In diesen Adressen befanden sich 114 Stiftungsadressen.
[12] Vgl. Berekoven, L., Eckert, W., Ellenrieder, P., Marktforschung, methodische Grundlagen und praktische Anwendung, 8. Aufl., Wiesbaden, 1999, S. 103 ff.
Der Fragebogen bestand aus drei Teilen mit den Untersuchungsbereichen Organisationsstruktur, Anlageverhalten und Finanzstruktur und umfasste vier Seiten mit insgesamt 26 Fragen. Im Hinblick auf die zu erfragenden, vertraulichen Daten zur Kapitalanlage wurde die Befragung anonymisiert durchgeführt. Der Erhebungszeitraum war Ende Oktober bis Mitte November 2000. Die modifizierte Rücklaufquote betrug 15,01 %.
[13] Die Aufbereitung und Auswertung des Datenmaterials erfolgte mit Hilfe des Statistikprogramms SPSS (Statistical Products and Service Solutions) in der Programmversion 10.0.

5. Zentrale Ergebnisse der untersuchten Nonprofit – Organisationen aus dem Bereich Religion

In Anlehnung an den Aufbau des Fragebogens werden nachfolgend zentrale Ergebnisse der Befragung in Bezug auf das Anlageverhalten von Nonprofit-Organisationen vorgestellt, die dem Bereich Religion zuzuordnen sind. Mit vorausgehenden Fragestellungen sollte neben der Darstellung des Gesamtbilds die Darstellung differenziert nach Rechtsformen, Tätigkeitsbereichen oder Mitarbeiterzahl der Nonprofit-Organisationen aus dem Bereich Religion erfolgen.

5.1. Statistische Merkmale

Auf den Bereich von religiösen Nonprofit-Organisationen entfiel ein Anteil von 29,1% aller Erhebungsteilnehmer des gesamten Nonprofit-Bereichs. Von den insgesamt 32 Organisationen des Religions-Bereichs waren 59,4% in der Rechtsform der Körperschaft öffentlichen Rechts und 40,6% in der Rechtsform des eingetragenen Vereins organisiert (vgl. Tabelle 1). Organisationen in der Rechtsform einer Stiftung bürgerlichen bzw. öffentlichen Rechts waren nicht in dem untersuchten Bereich tätig.

Rechtsform	Häufigkeit	Prozent
Körperschaft des öffentlichen Rechts	19	59,4
Eingetragener Verein	13	40,6
Gesamt	32	100,0

Tab. 1: Rechtsformen der Organisationen aus dem Bereich Religion

Rechtsform	Vollzeitmitarbeiter				
	0	1 - 20	21 - 40	41 - 60	101 u. mehr
eingetragener Verein (n = 13)	30,8 %	23,1 %	7,7 %	15,4 %	23,1 %
Körperschaft des öffentlichen Rechtes (n = 19)	21,1 %	42,1 %	10,5 %	--	26,3 %

Tab. 2: Anzahl der Mitarbeiter in Abhängigkeit von den Rechtsformen – Organisationen aus dem Bereich Religion

Ähnlich den Ergebnissen der Gesamtuntersuchung wiesen Nonprofit-Organisationen aus dem Bereich Religion in Bezug auf die Zahl der Mitarbeiter sehr unterschiedliche Größenordnungen auf. Wie aus der Tabelle 2 ersichtlich ist, hatten z.B. 21,1% der Körperschaften öffentlichen Rechts keine Vollzeitmitarbeiter, während 26,3% mehr als 101 Vollzeitmitarbeiter aufwiesen

Nach den Ergebnissen der Untersuchung berücksichtigten 78,1% der Organisationen des Religonsbereichs bei Anlageentscheidungen ethisch-soziale Kriterien. Weiterhin fällt auf, dass mit 43,8% ein großer Teil auch ökologische Kriterien einbezog.[14] Somit sind für gut zwei Fünftel der Nonprofit-Organisationen aus dem Bereich Religion nicht nur ethische Aspekte, sondern auch ökologische Aspekte der Kapitalanlage relevant (vgl. Abbildung 1).

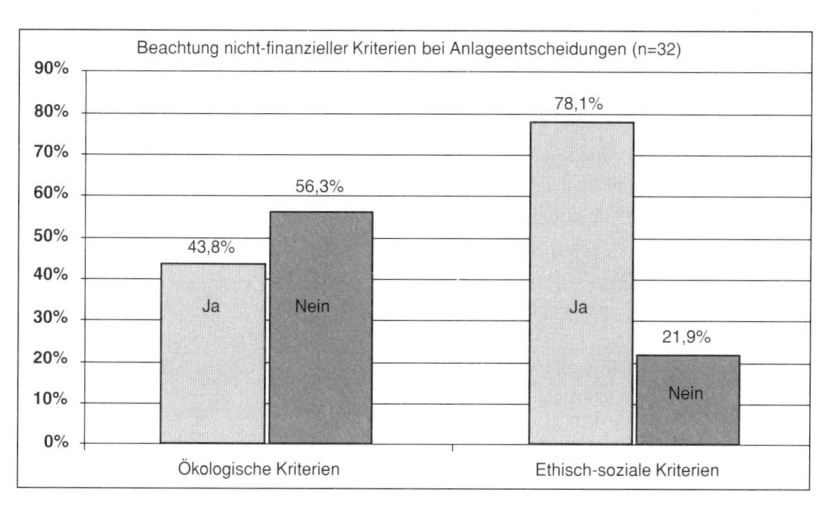

Abb. 1: Beachtung nicht-finanzieller Kriterien bei Anlageentscheidungen seitens Nonprofit-Organisationen aus dem Bereich Religion

Die Beantwortung der Frage, ob Überlegungen bestehen, zukünftig Gelder nach ethisch-sozialen und/oder ökologischen Kriterien an-

---

[14] Im Vergleich dazu achten 60,5% der Organisationen aus Umwelt-, Natur- und Tierschutz auf ökologische Kriterien, 34,2% berücksichtigen bei Anlageentscheidungen ethisch-soziale Kriterien.

zulegen, visualisert Abbildung 2. Lediglich 18,75% der Nonprofit-Organisationen aus dem Bereich Religion verneinten entsprechende Überlegungen, ein noch geringerer Teil zeigte sich mit der Antwort „Eventuell" unentschlossen (12,5%). Demgegenüber beantwortete ein Viertel der Organisationen die Frage mit „Ja" und mit 43,75% berücksichtigte der größte Teil dieser Gruppe bereits entsprechende Kriterien im Anlagemanagement.

Betrachtet man diese Angaben wiederum als Einheit, so kann davon ausgegangen werden, dass nahezu 70% der Organisationen aus dem Bereich Religion ihre Gelder werteorientiert unter Berücksichtigung ethisch-ökologischer Aspekte anlegen werden.[15] In einer optimistischen Schätzung kann unter Einbeziehung der Organisationen, die sich bei dieser Frage unentschlossen zeigten, von einem noch höheren Prozentsatz ausgegangen werden. Im Vergleich zur Gesamtuntersuchung lag der Anteil der Organisationen des Religionsbereichs, die ihre Gelder werteorientiert unter Beachtung ethisch-ökologischer Kriterien anlegen bzw. beabsichtigen anzulegen, deutlich höher.

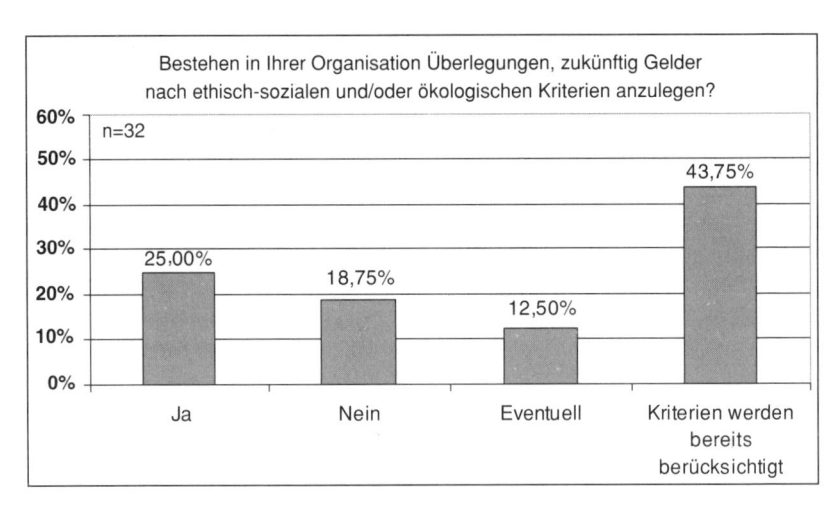

Abb. 2: Bereitschaft zur ethisch-ökologischen Kapitalanlage – Organisationen aus dem Bereich Religion

---

[15] Dieser Wert ergibt sich aus der Addition der Prozentangaben für die Antworten "Ja" (25%) sowie "Kriterien werden bereits berücksichtigt" (43,75%).

Abbildung 3 zeigt, in welche Unternehmen/Branchen die befragten Organisationen aus dem Bereich Religion aufgrund ethisch-sozialer und/oder ökologischer Kriterien grundsätzlich nicht investieren bzw. investieren würden. Die Auswahl dieser Branchen- bzw. Unternehmensmerkmale wurde in den Erhebungsbögen vorgegeben. Sie orientierte sich an den Kriterien, die sich am häufigsten als Selektionsmerkmale in ethischen bzw. ethisch-ökologischen in am Markt angebotenen Investmentfonds wiederfinden und so als ein gewisses Indiz für deren Bedeutung aus Anlegersicht gewertet werden können.

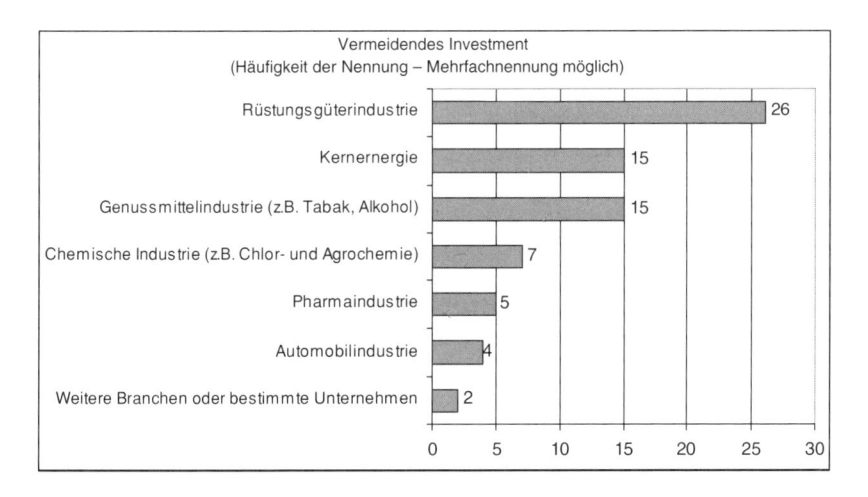

Vermeidendes Investment
(Häufigkeit der Nennung – Mehrfachnennung möglich)

Rüstungsgüterindustrie	26
Kernenergie	15
Genussmittelindustrie (z.B. Tabak, Alkohol)	15
Chemische Industrie (z.B. Chlor- und Agrochemie)	7
Pharmaindustrie	5
Automobilindustrie	4
Weitere Branchen oder bestimmte Unternehmen	2

Abb. 3: Vermeidendes Investment – Nonprofit-Organisationen aus dem Bereich Religion

Mit Abstand am häufigsten wurde die Rüstungsgüterindustrie genannt (26 Nennungen). Jeweils 15 Nennungen entfielen auf die Kategorien Kernenergie und Genussmittelindustrie. Den anderen in Abbildung 3 dargestellten Kategorien standen deutlich weniger Organisationen kritisch gegenüber. In der Rubrik „Weitere Branchen oder bestimmte Unternehmen" wurden die Gen- und Biotechnologie sowie die Geld- und Versicherungswirtschaft genannt.

Die nachfolgende Abbildung 4 des unterstützenden Investments verdeutlicht, dass die Organisationen aus dem Bereich Religion bei Anlageentscheidungen in erster Linie Unternehmen mit ausgeprägter sozialer und gesellschaftlicher Verantwortung (23) sowie Unternehmen mit umwelt- und ressourcenschonenden Produktionsmethoden (18) präferieren würden.[16] Auf die anderen Kategorien entfielen deutlich weniger Nennungen.

Unterstützendes Investment
(Häufigkeit der Nennung – Mehrfachnennung möglich)

Unternehmen mit ausgeprägter sozialer und gesellschaftlicher Verantwortung	23
Unternehmen mit umwelt- und ressourcenschonenden Produktionsmethoden	18
Erneuerbare Energiequellen (z.B. Solarenergie, Windkraft)	13
Hersteller von Technologien zur Beseitigung/Verringerung von Emissionen	12
Unternehmen mit progressiven Arbeitsbedingungen	10
Weitere Branchen oder bestimmte Unternehmen	1

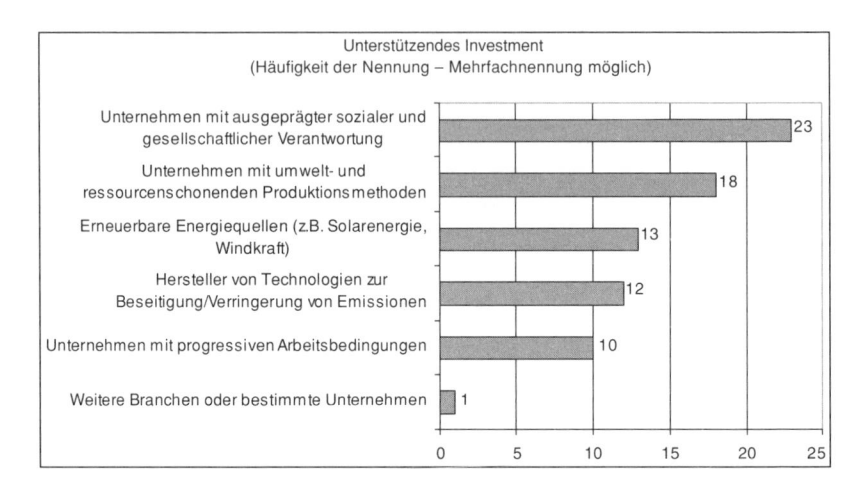

Abb. 4: Unterstützendes Investment – Organisationen aus dem Bereich Religion

Interessant ist der Vergleich mit dem diesbezüglichen Anlageverhalten von Nonprofit-Organisationen aus dem Bereich Umwelt-, Natur- und Tierschutz. Diese nannten Unternehmen mit ausgeprägter sozialer und gesellschaftlicher Verantwortung erst an vierter Stelle. Die vergleichende Betrachtung verdeutlicht somit, dass die Organisationen in Abhängigkeit von den Tätigkeitsbereichen ethischen bzw. ökologischen Aspekten unterschiedlichen Stellenwert einräumten.

Um ein Gesamtbild der Organisationen aus dem Bereich Religion zu vermitteln, sollen nachfolgend die Ergebnisse ausgewählter Fragestellungen zum finanziellen Anlageverhalten bzw. zur Anlagepolitik vorgestellt werden. Die Untersuchung der Frage, wie häufig die

---

[16] Die Branchen- bzw. Unternehmensmerkmale wurden analog der Vorgehensweise für die Befragung zum vermeidenden Investment ermittelt.

Organisationen Anlageentscheidungen treffen, ergibt nachfolgendes Bild in Abbildung 5.

Wie oft treffen Sie Anlageentscheidungen? (n=32)

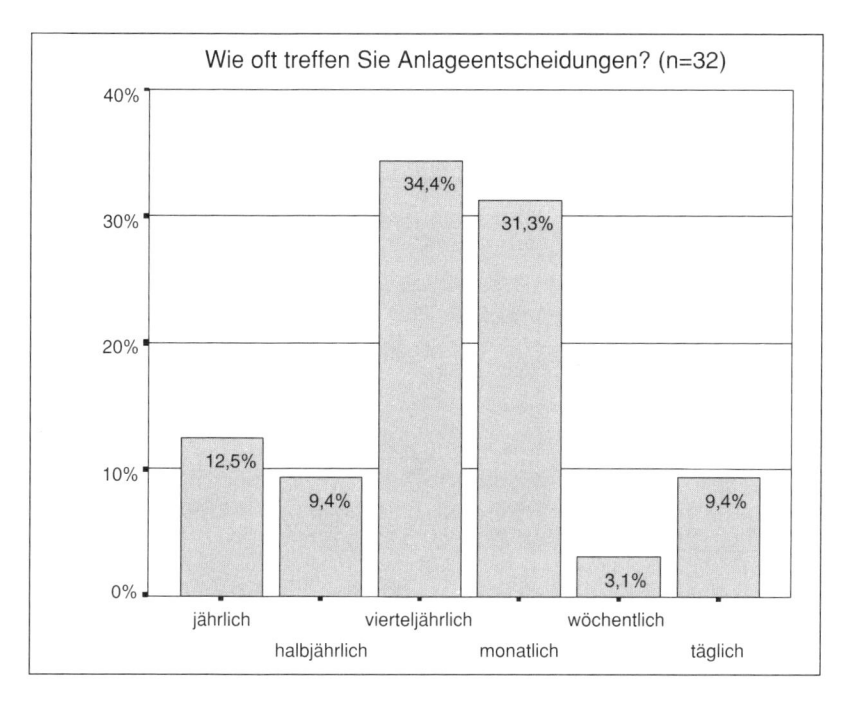

- jährlich: 12,5%
- halbjährlich: 9,4%
- vierteljährlich: 34,4%
- monatlich: 31,3%
- wöchentlich: 3,1%
- täglich: 9,4%

Abb. 5: Häufigkeit von Anlageentscheidungen – Organisationen aus dem Bereich Religion

Wie aus der Abbildung 5 ersichtlich wird, dominierten zwei Antwortkategorien:
- 34,4% der Organisationen trafen vierteljährlich Anlageentscheidungen und
- 31,3% nahmen die gleichen Handlungen monatlich vor.

Hierzu sei ergänzend wiederum der Vergleich mit den übrigen Gruppen der Erhebung angestellt: Während 45,9% der Organisationen aus Umwelt-, Natur- und Tierschutz einmal jährlich Anlageentscheidungen trafen, waren es bei den hier untersuchten Organisationen aus dem Bereich Religion nur 12,5%. Diese trafen somit vergleichsweise häufiger Anlageentscheidungen.

Eine weitere Erhebungsfrage richtete sich auf die Struktur der Anlageformen. Nachstehende Tabelle 3 gibt eine Übersicht über die Portfoliostruktur der befragten Nonprofit-Organisationen des Religionsbereichs.[17]

Anteil am Portofolio	Anlageformen – Häufigkeit der Nennung in % der Befragten (n=31)				
	Bank-/Sparkassen-guthaben	Geldmarktpapiere	Anleihen	Aktien	Investmentfonds
	Spalten%	Spalten%	Spalten%	Spalten%	Spalten%
0%	19,35%	51,61%	67,74%	90,32%	64,52%
1-10%	29,03%	9,68%	6,45%	3,23%	12,90%
11-20%	9,68%		9,68%		9,68%
21-30%		3,23%	6,45%	3,23%	9,68%
31-40%	6,45%	3,23%			
41-50%	9,68%	3,23%			
51-60%		9,68%		3,23%	
61-70%	3,23%	3,23%			3,23%
71-80%	6,45%	6,45%	3,23%		
81-90%	3,23%	3,23%			
91-100%	12,90%	6,45%	6,45%		
Gesamt	100,00%	100,00%	100,00%	100,00%	100,00%

Tab. 3: *Aufteilung des (angelegten) Vermögens auf verschiedene Anlageformen – Nonprofit-Organisationen aus dem Bereich Religion*

Auffallend ist, dass nur 12,90% der Organisationen ihre Gelder nahezu vollständig bei Kreditinstituten unterhielten. Weiterhin ist erkennbar, dass Vermögensanlagen relativ häufiger in Wertpapieren erfolgten. So hielten annähernd die Hälfte der betrachteten Organisationen Geldmarktpapiere (48,39%), gut ein Drittel besaßen Investmentzertifikate (35,48%).[18] Im Vergleich zu den übrigen Wertpapieren wurden Aktien relativ selten als Anlageinstrumente genutzt. Nur etwa 10% der Befragten verwalteten Aktien in ihren Portfolios.
Weitere Untersuchungen ergaben, dass 46,9% der Organisationen aus dem Bereich Religion der Anlagebeschränkung „Mündelsicherheit der Anlage" unterlagen. Allerdings dürfte die Beschränkung

---

[17] Die Tabelle zeigt, wie viel Prozent des angelegten Vermögens auf die einzelnen Anlageformen entfallen. Die Daten beziehen sich auf die in den Spalten dargestellten Anlageformen und zeigen die relative Häufigkeit der Nennung.
[18] Diese Werte ergeben sich aus der Addition der relativen Häufigkeiten für die Anteile am Portfolio von 1-100%.

Mündelsicherheit der Anlage nur für einen Teil des Vermögens gelten, da die Nonprofit-Organisationen des Religionsbereichs aufgrund der Erhebungsergebnisse ihre Gelder auch in Aktien bzw. in Investmentfonds anlegten. Hier zeigt sich, dass die betrachteten Organisationen aus dem Bereich Religion besonders sichere und liquide Anlageformen suchten, die einen bestimmten Anlageerfolg mit begrenztem Risiko versprachen.

Die abschließende Untersuchung der Frage, zu welchem Prozentsatz das angelegte Vermögen durchschnittlich jährlich neu investiert wird, zeigt Abbildung 6.

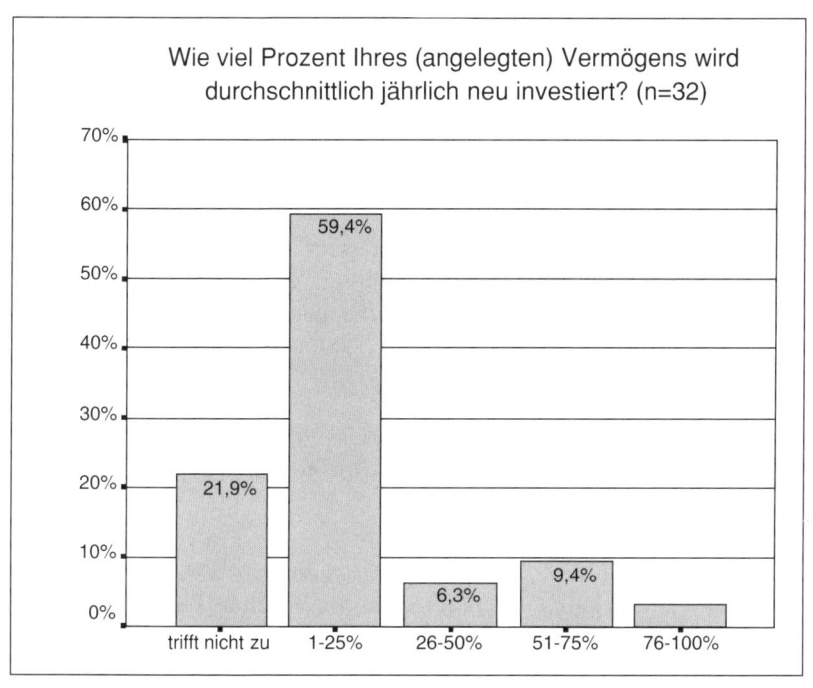

Abb. 6: Durchschnittliche jährliche Neuinvestitionen in Relation zum (angelegten) Vermögen von Nonprofit-Organisationen aus dem Bereich Religion

Nur 21,9% der Organisationen aus dem Bereich Religion bezeichneten die Frage als nicht zutreffend. Eine deutliche Mehrheit von 59,4%

investierte bis zu einem Viertel des Vermögens jährlich neu. Darüber hinaus legten nur einzelne Organisationen größere Teile ihres Vermögens durchschnittlich jährlich neu an.

Die vergleichende Betrachtung der Ergebnisse für Nonprofit-Organisationen des Bereichs Religion in Gegenüberstellung zu solchen aus dem Bereich Umwelt-, Natur- und Tierschutz lässt erkennen, dass ethische und ökologische Aspekte in Abhängigkeit von den Tätigkeitsbereichen und damit für spezifische Gruppen von Nonprofit-Organisationen unterschiedliche Relevanz besitzen. Die Untersuchungen, in welche Branchen die Organisationen grundsätzlich nicht bzw. bevorzugt investieren würden, bringen somit auch die unterschiedlichen Werthaltungen der Organisationen aufgrund ihrer jeweiligen Mission zum Ausdruck.

Das finanzielle Anlageverhalten zeigt, dass Nonprofit-Organisationen aus dem Bereich Religion häufiger Anlageentscheidungen trafen und größere Teile ihres Vermögens in Wertpapieren anlegten als es in den übrigen Nonprofit-Gruppen der Fall war. Hinsichtlich des neu investierten Vermögens zeigte sich, dass der überwiegende Teil der Organisationen aus dem Bereich Religion bis zu einem Viertel des Vermögens jährlich neu investierte, hingegen ein Großteil der Organisationen aus dem Bereich Umwelt-, Natur- und Tierschutz keinen regelmäßigen Anlagebedarf hatte.

5.2. Einschätzung der Rendite einer ethisch ausgerichteten Kapitalanlage

Die überwiegende Mehrheit der befragten Nonprofit-Organisationen sowohl des Bereichs Religion als auch des Bereichs Umwelt-, Natur- und Tierschutz erwartete eine Rendite, die einem Branchendurchschnitt bzw. gängigen Performancemaßstab entspricht. Nur ein geringer Teil erwartete eine Rendite oberhalb eines Branchendurchschnitts (6,4 %), im Vergleich dazu schätzte ein größerer Teil (9,09 %) die Rendite unterhalb eines Branchendurchschnitts bzw. Performancemaßstabs ein. 9,09 % der befragten Organisationen machten keine Angaben.

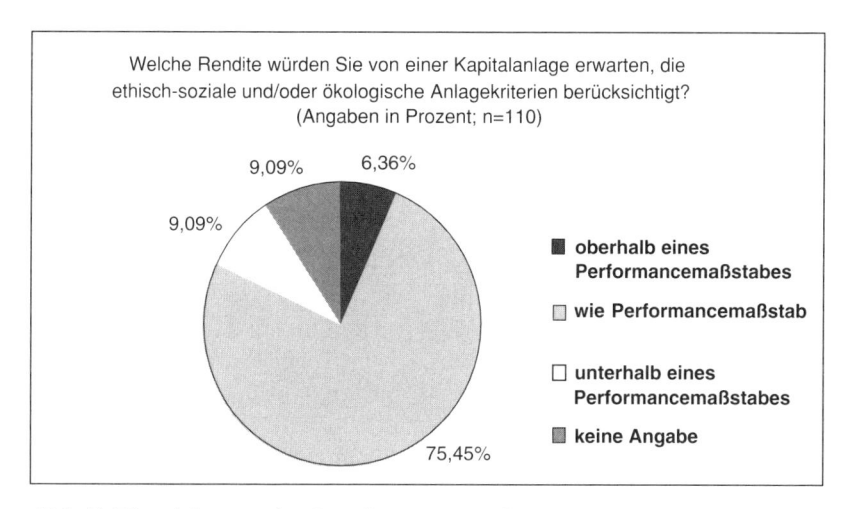

Abb. 7: Einschätzung der Rendite einer Anlage unter ethischen Gesichtspunkten

Aus den Nennungen kann gefolgert werden, dass ca. 82 % der Befragten nicht erwarteten, bei einer Kapitalanlage, die ethische Aspekte berücksichtigt, Renditeeinbußen hinnehmen zu müssen.[19] Dies ist insofern von Bedeutung, als dass zahlreiche Institutionen (wie bereits ausgeführt) auch auf die Einkünfte aus Kapitalanlagen angewiesen sind, um vertragliche Verpflichtungen erfüllen zu können: In der Erhebung finanzierten 85,5 % aller befragten Nonprofit-Organisationen mit den Kapitalerträgen ihrer Kapitalanlagen Projekte oder Aktivitäten. So begrenzt bei bestimmten Institutionen die finanzielle Verantwortung für Beschäftigte, Projekte oder kaum widerrufbaren Aktivitäten (z.B. Pflegeleistungen oder Seelsorge) die Bereitschaft und die Möglichkeit, Anlageformen zu wählen, die einen Renditeverzicht implizieren könnten.[20]

---

[19] Dieser Wert ergibt sich aus der Addition der Prozentwerte der Organisationen, die eine Rendite entsprechend dem eines Branchendurchschnitts bzw. oberhalb eines Branchendurchschnitts erwarten (75,45 % und 6,36 %).
[20] Vgl. Wolff, H. (1995), Das Management von Umweltfonds, Frankfurt a.M., 1995, S. 46.

6. Zusammenfassung und Schlussbemerkungen

Die Ergebnisse der Erhebung deuten insgesamt auf eine zunehmende Integration ethischer, d.h. ökologischer und/oder sozialer Anlagekriterien bei Nonprofit-Organisationen aus dem Bereich der Religion hin und indizieren nachfrageseitig ein signifikantes Entwicklungspotenzial von an ethischen Kriterien ausgerichteten Kapitalanlageformen. Durch die damit erzielbare Konsistenz und Konsequenz der Organisationsmission im Leistungs- wie auch Finanzbereich kann die Glaubwürdigkeit des Organisationsverhaltens in Hinblick auf die Organisationsmission nach außen hin (z.B. gegenüber potenziellen Mitgliedern oder Spendern) erhöht werden. Durch ein im Verhältnis zur Organisationsmission ethisch widerspruchsfreies Anlageverhalten von Nonprofit-Organisationen des Religionsbereichs dürfte eine Erhöhung der Reputation verbunden sein, die aufgrund der besonderen Bedeutung von externen Finanzeinkünften förderlich auch auf die Sicherstellung und Erweiterung der Finanzbasis wirken dürfte (zumindest sie nicht konterkarieren).

Kirein Franck

Die Situation im Markt für ethisches Investment in Deutschland

Ergebnisse einer repräsentativen Haushaltsbefragung

Der Markt für ethisches Investment in Deutschland wächst beständig. Auch bei Privatanlagerinnen und Privatanlegern steigt das Interesse für Formen der Geldanlage, die neben den klassischen Kriterien auch soziale und ökologische Kriterien berücksichtigen.

Dies belegt eine repräsentative Befragung privater Haushalte, die der Lehrstuhl Marketing I der Universität Hannover und das imug-Institut für Markt-Umwelt-Gesellschaft bei 1200 privaten Haushalten in Deutschland durchgeführt haben. Dabei wurden in den Haushalten jeweils diejenigen angesprochen, die für die Entscheidungen im Bereich Geldanlage zuständig sind.

Die Untersuchung bezieht sich auf den Markt der Publikumsfonds mit ethisch-ökologischer Orientierung. In Deutschland gibt es derzeit 22 solche Fonds (Stand: April 2001). Im Augenblick wächst der Markt sehr schnell, auch im Hinblick auf die Volumina. Waren es 1998 noch 600 Mio. DM, sind es am Ende des Jahres 2000 fast 3 Mrd. DM gewesen, die in den „deutschsprachigen" ethisch-ökologisch orientierten Fonds investiert waren. Dennoch beträgt der Marktanteil dieser Fonds erst 0,4% des insgesamt in Investmentfonds investierten Vermögens.

Die Entwicklung in vielen benachbarten Ländern ist da schon weiter vorangeschritten. In Schweden beträgt der Marktanteil dieser Fonds 1,7%, in Belgien sind mehr als 1 Mrd. in ethisch-ökologisch orientierten Geldanlagen investiert. In Großbritannien gibt es bereits 55 ethisch-ökologische Fonds und inzwischen sind sicherlich schon wieder einige neue dazu gekommen. Auch die Volumina, die nach ethischen Grundsätzen investiert sind, wachsen dort seit über zehn Jahren kontinuierlich.

Unsere Befragung ist Teil des Forschungsprojekts „Investorenentscheidungen als Determinanten nachhaltigen Wirtschaftens", das wir im Auftrag des Bundesministeriums für Bildung und Forschung (BMBF) durchführen. Die Ziele der Befragung bestehen darin, Kenntnisse, Interessen und Motive privater Anleger im Hinblick auf nachhaltige und ethische Geldanlagen zu ermitteln, das Ausmaß der Bereitschaft zur Investition in solche Anlagen zu erkunden und Ansatzpunkte zur Weiterentwicklung des Marktes aufzuzeigen.

In der Stichprobe für unsere standardisierte Haushaltsbefragung waren 5000 Haushalte. Alle Haushalte der Stichprobe wurden vorher angeschrieben, um sie zu informieren, in welchem Kontext die Forschungen stattfinden. Befragungszeitpunkt war Januar 2001. Die Befragten kamen aus allen Altersgruppen und nutzten die gesamte Palette der herkömmlichen Geldanlagemöglichkeiten. Ein gutes Drittel der Haushalte hatte schon von ethischem Investment gehört und fast die Hälfte fand ethisches Investment attraktiv oder sehr attraktiv. Aber nur 3% haben ethisch orientierte Fonds schon einmal angeboten bekommen (zum Beispiel durch eine Anzeige oder in einem persönlichen Gespräch). Nur 0,68% der Befragten hatten bereits in derartige Fonds investiert.

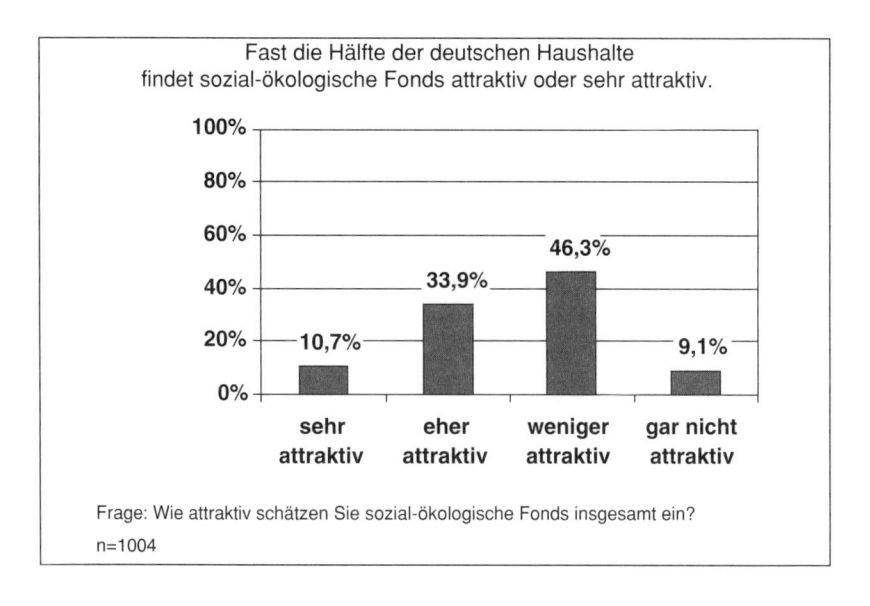

Fast die Hälfte der deutschen Haushalte findet sozial-ökologische Fonds attraktiv oder sehr attraktiv.

	sehr attraktiv	eher attraktiv	weniger attraktiv	gar nicht attraktiv
	10,7%	33,9%	46,3%	9,1%

Frage: Wie attraktiv schätzen Sie sozial-ökologische Fonds insgesamt ein?
n=1004

Diejenigen, die diese Fonds sehr attraktiv finden, sind keine jugendlichen Idealisten, sondern genau so alt wie der Durchschnitt der Stichprobe. Sie sind durchschnittlich 43 Jahre alt – in einem Alter, in dem viele anfangen, über systematischen Vermögensaufbau und Altersvorsorge nachzudenken.

Das Bildungsniveau derjenigen, die diese Geldanlage sehr attraktiv finden, unterscheidet sich ebenfalls nicht vom Durchschnitt der gesamten Stichprobe. Ethisch-ökologische Investmentfonds interessieren also nicht nur Leute mit Abitur oder Hochschulabschluss.

Gefragt wurde danach, welche Ausschlusskriterien Priorität für die Befragten haben. „Kinderarbeit" und „Rüstung" liegen bei den Ausschlusskriterien an erster Stelle. Bei „Positivkriterien" liegt der Umweltschutz ganz klar in Führung bei 77% der Befragten, die das für ein wichtiges oder sehr wichtiges Positivkriterium halten. Bemerkenswert ist, dass eine umfangreiche Informationspolitik von Unternehmen von fast 60% aller Befragten gewünscht wird. Das heißt, dass ein Unternehmen, das seine Leistungen im sozialen und ökologischen Bereich transparent macht, eine bessere Chance hat, ins Portfolio aufgenommen zu werden.

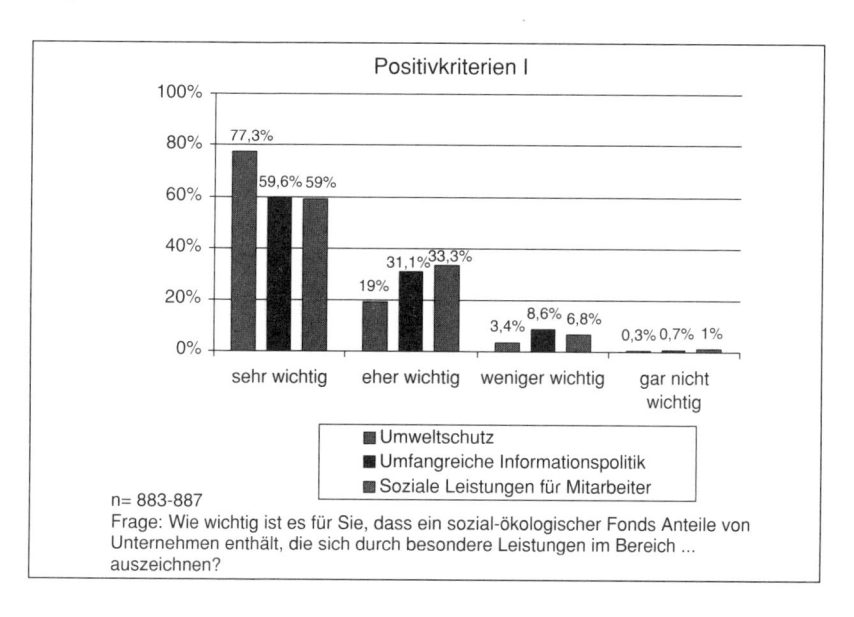

Positivkriterien I

	sehr wichtig	eher wichtig	weniger wichtig	gar nicht wichtig
Umweltschutz	77,3%	19%	3,4%	0,3%
Umfangreiche Informationspolitik	59,6%	31,1%	8,6%	0,7%
Soziale Leistungen für Mitarbeiter	59%	33,3%	6,8%	1%

n= 883-887
Frage: Wie wichtig ist es für Sie, dass ein sozial-ökologischer Fonds Anteile von Unternehmen enthält, die sich durch besondere Leistungen im Bereich ... auszeichnen?

Soziale Leistungen für Mitarbeiter stehen an dritter Stelle, gefolgt vom Einsatz für Verbraucherinteressen und Rechte von Minderheiten, also der Wahrnehmung internationaler sozialer Verantwortung. An letzter Stelle, aber immer noch mit über 50% Zustimmung, kommt das Thema Frauenförderung zu stehen.

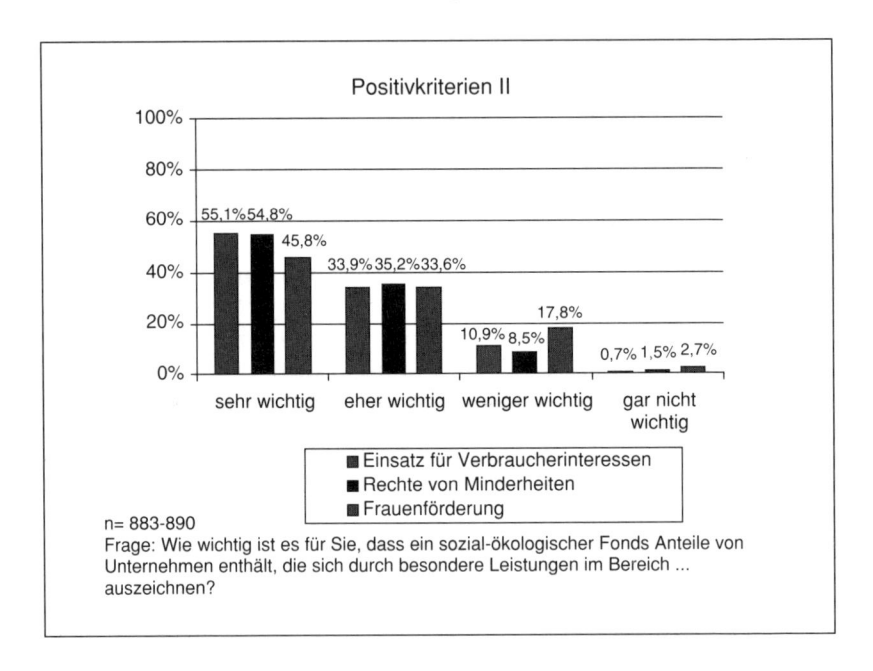

Positivkriterien II

	sehr wichtig	eher wichtig	weniger wichtig	gar nicht wichtig
Einsatz für Verbraucherinteressen	55,1%	33,9%	10,9%	0,7%
Rechte von Minderheiten	54,8%	35,2%	8,5%	1,5%
Frauenförderung	45,8%	33,6%	17,8%	2,7%

n= 883-890
Frage: Wie wichtig ist es für Sie, dass ein sozial-ökologischer Fonds Anteile von Unternehmen enthält, die sich durch besondere Leistungen im Bereich ... auszeichnen?

„Warum haben Sie bisher noch kein Geld in sozial-ökologische Fonds angelegt?" war die nächste Frage. Bei dieser Frage waren verschiedene Antwortmöglichkeiten vorgegeben. Es ist zum Beispiel denkbar, dass ein Anleger diese Art von Fonds für zu risikoreich hält. Es ist möglich, dass ein Befragter die Verzinsung solcher Fonds für zu niedrig hält. Es ist weiterhin möglich, dass die Befragten das Konzept der Fonds nicht verstehen oder ablehnen oder nicht glauben, dass ethisch-ökologische Fonds wirklich etwas zur Verbesserung von Umwelt und Gesellschaft beitragen. Ebenfalls möglich ist es, dass potenzielle Anleger und Anlegerinnen diese Fonds für unglaubwürdig halten. Schließlich kann es sein, dass sie es für schwierig halten, zuverlässige Informationen zu bekommen oder einfach nicht wissen, wo man solche Fonds kaufen kann.

Die Antworten sind erstaunlich. 42% der Befragten geben an, dass es schwierig sei, zuverlässige Informationen über solche Fonds zu bekommen. 36% der Befragten antworten, sie wüßten nicht, wo sie solche Fonds kaufen könnten. Die Rendite halten nur 17% für zu gering, das Risiko schätzen 23% der Befragten für zu hoch ein.

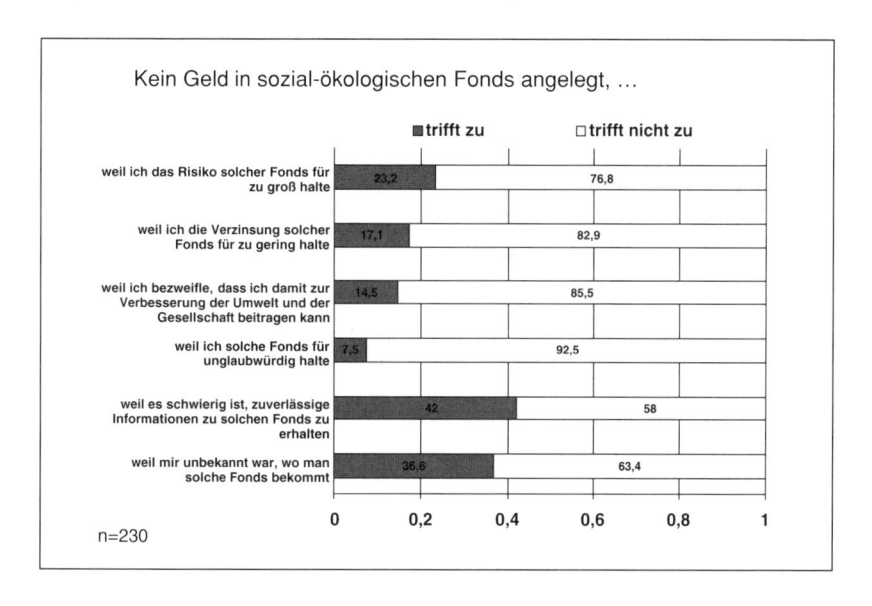

Kein Geld in sozial-ökologischen Fonds angelegt, ...

Aussage	trifft zu	trifft nicht zu
weil ich das Risiko solcher Fonds für zu groß halte	23,2	76,8
weil ich die Verzinsung solcher Fonds für zu gering halte	17,1	82,9
weil ich bezweifle, dass ich damit zur Verbesserung der Umwelt und der Gesellschaft beitragen kann	14,5	85,5
weil ich solche Fonds für unglaubwürdig halte	7,5	92,5
weil es schwierig ist, zuverlässige Informationen zu solchen Fonds zu erhalten	42	58
weil mir unbekannt war, wo man solche Fonds bekommt	36,6	63,4

n=230

Die Kernaufgaben bei der Marktentwicklung sind demzufolge die Verbreitung zuverlässiger und stichhaltiger Informationen zu den ethisch-ökologischen Fonds und die Distribution dieser Fondsprodukte. Wenn es in vielen Bankfilialen eine kompetente Beratung für ethisch-ökologisch orientierte Fondsprodukte gibt, wird der Markt einen Sprung nach vorne machen. Das belegen unter anderem auch die Erfahrungen aus dem europäischen Ausland.

Im Anschluss an die bisher dargestellten Befragungen wurde eine sogenannte „Conjoint-Analyse" vorgenommen. Die Conjoint-Analyse ist in diesem Zusammenhang ein interssantes Marktforschungsinstrument, weil sie nicht nur nach Merkmalen und ihren Auspägungen fragt, sondern es ermöglicht, verschiedene Merkmalsausprägungen für ein Produkt zu kombinieren und dann Entscheidungsalternativen zu formulieren.

In diesem Fall wurden die Merkmale „Verzinsung" und „Risiko" als klassische Merkmale von Investmentfonds mit „sozial-ökologischem Engagement" kombiniert und daraus neun verschiedene Produktalternativen vorgeschlagen; also zum Beispiel die Kombination: Verzinsung von 3%, mittleres Risiko, hohes sozial-ökologisches Engagement. Diese neun Produktalternativen wurden nur Befragten vorgelegt, die sich vorstellen konnten innerhalb der nächsten 5 Jahre auch Geld in Wertpapierfonds zu investieren.

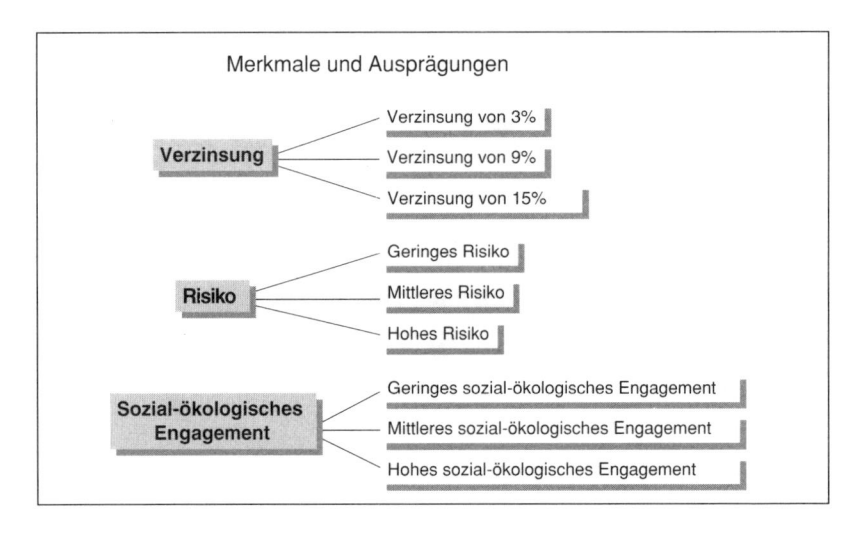

Merkmale und Ausprägungen

- **Verzinsung**
  - Verzinsung von 3%
  - Verzinsung von 9%
  - Verzinsung von 15%

- **Risiko**
  - Geringes Risiko
  - Mittleres Risiko
  - Hohes Risiko

- **Sozial-ökologisches Engagement**
  - Geringes sozial-ökologisches Engagement
  - Mittleres sozial-ökologisches Engagement
  - Hohes sozial-ökologisches Engagement

Aufgrund dieser Conjoint-Analyse wurde dann die folgende Segmentierung vorgenommen.

Klassisch sind die beiden Segmente der „Renditejäger" und der „Risikoscheuen". Für die „Renditejäger" ist die Rendite das einzig entscheidende Kriterium, alles andere spielt keine Rolle. Die „Risikoscheuen" räumen nur dem Risiko eine hohe Priorität ein. Die drei kleineren Segmente repräsentieren die drei Gruppen, die für das Thema, ethisches Investment besondere Bedeutung gewinnen können.

Die einen sind die „Ertragsinteressierten mit ethischer Orientierung". Diese Gruppe achtet primär auf die Rendite, für sie ist Rendite das wichtigste Merkmal eines Investmentfonds. Aber an zweiter Stelle, mit einer Wichtigkeit von etwa 30%, achten die Mitglieder dieser Gruppe auf das sozial verantwortliche Handeln der Unternehmen, in das sie investieren. Dagegen legen die „Idealisten" ihren Schwerpunkt ganz eindeutig auf die sozial-ökologischen Kriterien. Ihnen ist das ethisch-ökologische Engagement der Unternehmen wichtig, alles andere ist sekundär.

Zwischen diesen beiden Segmenten, also den „Ertragsinteressierten" und den „Idealisten", befindet sich die Gruppe „Ökos mit Gewinnerwartung". Bei ihnen stehen ebenfalls die ethischen Kriterien an erster Stelle, aber sie wollen auch eine angemessene Rendite erzielen.

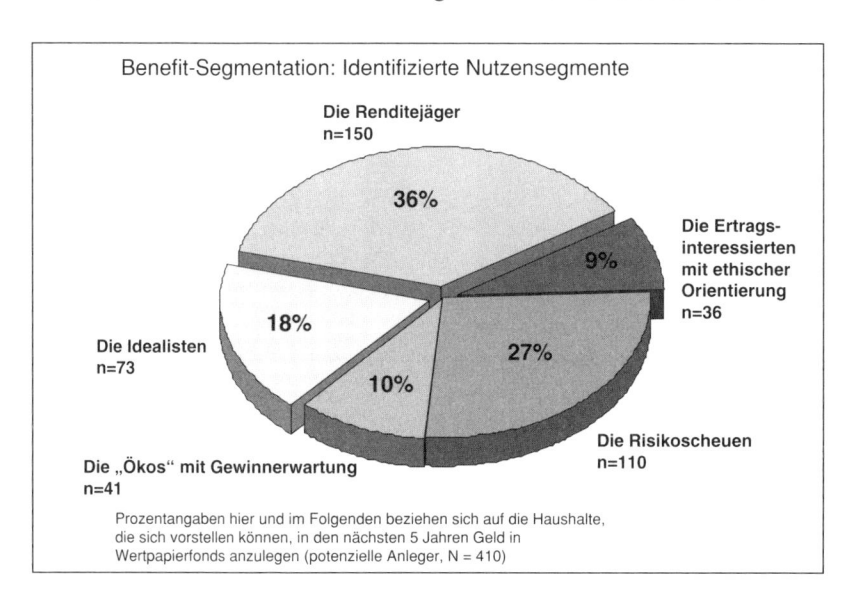

Benefit-Segmentation: Identifizierte Nutzensegmente

- Die Renditejäger n=150 — 36%
- Die Ertragsinteressierten mit ethischer Orientierung n=36 — 9%
- Die Risikoscheuen n=110 — 27%
- Die „Ökos" mit Gewinnerwartung n=41 — 10%
- Die Idealisten n=73 — 18%

Prozentangaben hier und im Folgenden beziehen sich auf die Haushalte, die sich vorstellen können, in den nächsten 5 Jahren Geld in Wertpapierfonds anzulegen (potenzielle Anleger, N = 410)

Das tatsächliche Anlageverhalten der unterschiedlichen Segmente ist dann auch entsprechend verschieden. Das wird an folgender Abbildung deutlich, welche zeigt, wie stark diese fünf Zielgruppen jeweils im Bereich Aktien und Fonds engagiert sind. Selbst bei den „Idealisten" besitzen ein Drittel Aktien und Investmentfonds. Bei den „Ertragsinteressierten" sind es fast zwei Drittel. Dementsprechend unterschiedlich sind die entsprechenden Potenziale.

Der Vorteil einer solchen Segmentierung liegt darin, dass einzelne Gruppen von Anlegern mit ihren je spezifischen Bedürfnissen und

Interessen ausgemacht und dann auch gezielt angesprochen werden können. Dazu ist es erforderlich, für die unterschiedlichen Segmente jeweils passende Kommunikationsinstrumente und Produktkonzepte zu entwickeln, die dann wiederum einen Beitrag zum weiteren Wachstum dieses Gesamtmarktes leisten können.

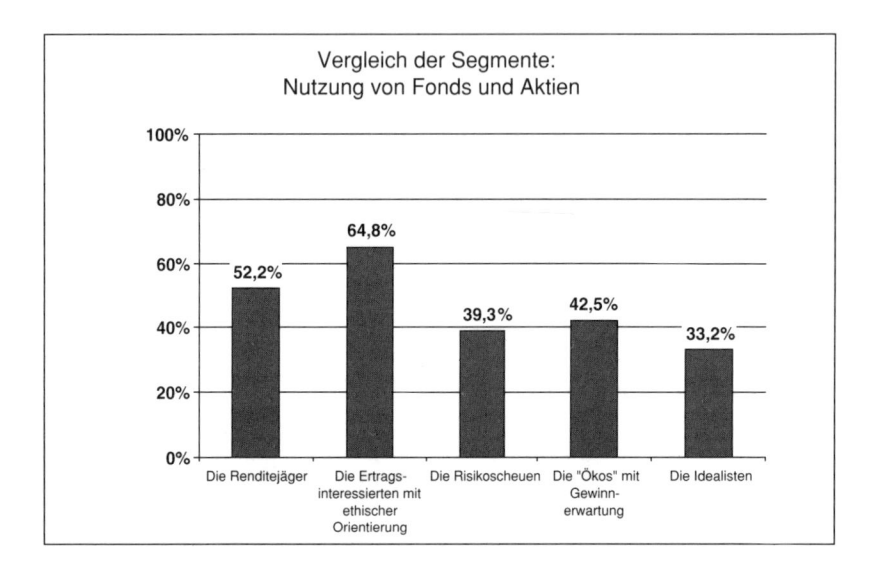

Vergleich der Segmente: Nutzung von Fonds und Aktien

- Die Renditejäger: 52,2%
- Die Ertragsinteressierten mit ethischer Orientierung: 64,8%
- Die Risikoscheuen: 39,3%
- Die "Ökos" mit Gewinnerwartung: 42,5%
- Die Idealisten: 33,2%

Sonja Gebhard / Frank Wettlauffer

Nachhaltige Kapitalanlagen von der Bank Sarasin & Cie – Umsetzung individueller Wertvorstellungen bei attraktiver Rendite

Nicht allein die Bank Sarasin & Cie, sondern auch immer mehr Unternehmen sehen Ökonomie, Ökologie und sozialverträgliches Handeln (nachhaltiges Wirtschaften) als Einheit. Diese erfreuliche Entwicklung zeigt, dass unter Wirtschaftsführern ein Umdenken stattfindet. Ressourcen werden sparsamer eingesetzt, Produkte, Dienstleistungen und Arbeitsabläufe umweltgerecht ausgerichtet, das Miteinander fair und sozial gestaltet. Nachhaltiges Wirtschaften macht Unternehmen innovativer und wettbewerbsfähiger und lässt sie ein größeres wirtschaftliches Erfolgspotenzial ausschöpfen. Diese Wirtschaftsweise schont die Umwelt, ist sozial verträglich und hoch profitabel. Auch immer mehr Anleger erkennen die Zusammenhänge und achten bei ihren Investitionen nicht nur auf die Höhe des Gewinns, sondern auch darauf, wie dieser erwirtschaftet wird. Sie schätzen Anlagen nachhaltiger Emittenten als erstklassige Investitionsmöglichkeiten, da diese sowohl ihren Renditeanforderungen als auch ihren Wertvorstellungen entsprechen. Gerade kirchliche Anleger möchten heute in Unternehmen investieren, welche Produkte in einer Art und Weise produzieren, die mit dem christlichen Glauben vereinbar ist.

Nachhaltige Kapitalanlagen der Bank Sarasin bieten verantwortungsbewussten Anlegern ein transparentes und flexibles Konzept, mit dem individuelle Renditeanforderungen und die Ansprüche an ethische Aspekte voll erfüllt werden. Nachfolgend wird dieses besondere Konzept sowohl für die Aktien als auch für die Rentenanlage näher erläutert.

Die Bank Sarasin
Eine 160-jährige Erfolgsgeschichte verpflichtet zur Nachhaltigkeit

Die 1841 gegründete Bank Sarasin & Cie ist eine unabhängige, traditionsreiche Schweizer Privatbank mit weltweiten Aktivitäten im Bereich der Vermögensverwaltung. Die zehn unbeschränkt haftenden Teilhaber wirken in leitenden Funktionen aktiv mit und prägen im täglichen Dialog die Auffassung von Integrität, Professionalität und Dienstleistung. Am Hauptdomizil in Basel sowie an den Geschäftssitzen in Zürich, Genf, Lugano und London sind insgesamt über 800 Mitarbeiterinnen und Mitarbeiter tätig.

Die Bank Sarasin hat mit der Eiche ein natürliches und symbolträchtiges Logo, dem sie seit Generationen verpflichtet ist. Ein der Nachhaltigkeit entsprechendes Denken lässt sich bis ins Jahr 1909 zurückverfolgen, als Paul und Fritz Sarasin den vormaligen „Schweizerischen Bund für Naturschutz" (heute „Pro Natura") gründeten. Damit erhielten sie der Schweiz eine einzigartige Bergwelt. Als erste Schweizer Privatbank formulierte die Bank Sarasin & Cie ein Umweltleitbild, um ökologisches und gesellschaftliches Denken noch stärker in ihr unternehmerisches Handeln einzubinden. Vor über 12 Jahren begann Sarasin als Pionierin mit ökologischer Finanzanalyse und lancierte 1994 mit dem OekoSar den ersten Ökoeffizienzfonds der Welt, dem schnell weitere innovative Produkte auf dem Gebiet der nachhaltigen Wirtschaftsweise folgten. Mit über DM 3,5 Mrd. gemäß nachhaltiger Kriterien verwalteten Vermögen ist Bank Sarasin kontinentaleuropäische Marktführerin in diesem Bereich.

Analyse- und Anlageprozess bei nachhaltigen Aktienanlagen

Grundvoraussetzung für ein erfolgreiches Nachhaltigkeitskonzept ist ein unabhängiger, konsistenter und transparenter Analyseprozess, der auch externen Prüfungen standhält. Seine Systematik sorgt für Disziplin im Vorgehen und für nachvollziehbare Resultate. Inhaltlich sollen performancerelevante Kriterien sowohl in Bezug auf den ökologischen und sozialen Nutzen als auch in Bezug auf das finanzielle

Ergebnis erfasst werden. Der sechsteilige Analyse- und Anlageprozess der Bank Sarasin & Cie erfüllt alle diese Voraussetzungen.

```
Schritt 1                    Schritt 2
Informations-                Berücksichtigung
beschaffung                  kundenspezifischer
                             Ausschlusskriterien


Schritt 6                                Schritt 3
Kundenspezifische                        Finanzielle
Portofoliobildung                        Analyse


         Hauptsitz der Bank Sarasin & Cie
                                 Schritt 4
     Schritt 5                   Umwelt- und
     Qualitätskontrolle          Sozialanalyse
```

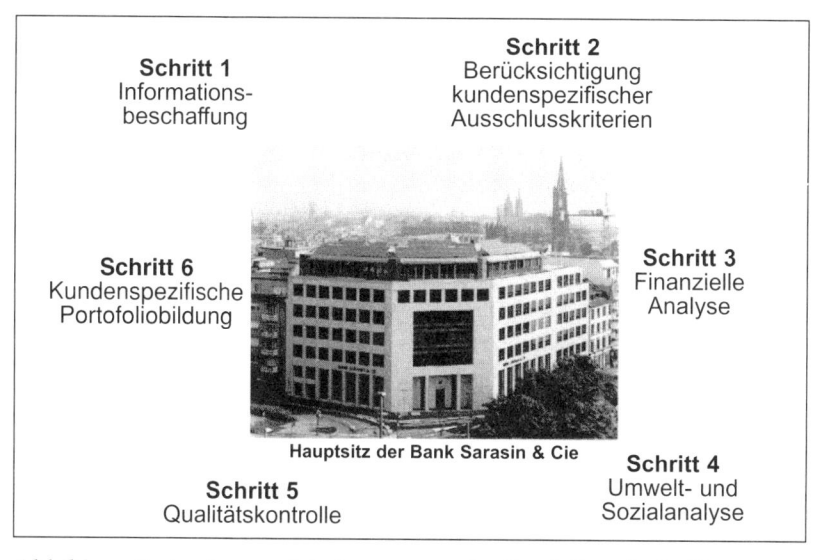

Abbildung 1: Analyse und Anlageprozess der Bank Sarasin & Cie

Schritt 1: Umfangreiche Informationsbeschaffung

Eine gründliche und umfassende Informationsbeschaffung ist Basis für einen nachvollziehbaren und qualitativ hochwertigen Analyseprozess. Die Nachhaltigkeitsanalyse ist im Vergleich zur traditionellen Finanzanalyse wesentlich breiter gefasst und schließt weitaus mehr qualitative und quantitative Kriterien ein. Damit werden neue Perspektiven erschlossen, welche dem Investor auch unter finanziellen Gesichtspunkten einen Vorsprung verschaffen können. Entsprechend gibt es eine Vielzahl an Informationslieferanten, z. B. Umweltorganisationen, Menschenrechtsgruppierungen, Branchenverbände, Wettbewerber, Kunden, Lieferanten, Forschungsinstitute, Gewerkschaften. Das interdisziplinäre Team der Analysten der Bank Sarasin wertet sämtliche Drittinformationen aus. Daneben sind eigene Unternehmensbesuche, Management-Kontakte und Informationen der Research-Partner insbesondere in den USA sowie in Japan sehr wichtig.

Die Analysten eruieren sämtliche relevanten Faktoren zur Beurteilung einer Branche und stellen darauf aufbauend die branchenspezifisch richtigen Fragen. So ist z. B. die Frage nach Herkunft und Verbrauch von Energie bei der Bewertung eines Softwareunternehmens weniger relevant als bei einem Stahlproduzenten.

Schritt 2: Berücksichtigung kundenspezifischer Ausschlusskriterien

Es gibt ganz spezifische, oft unterschiedliche Kundenpräferenzen in Bezug auf auszuschließende Unternehmenstätigkeiten. Wir erachten es als unsere Aufgabe, Kunden bei der Festlegung dieser Ausschlusskriterien zu beraten. Potenzielle Unternehmen werden nach den individuell vereinbarten Kriterien gesichtet und anschließend dem eigentlichen, sehr detaillierten Analyseprozess unterzogen.

Für Publikumsfonds der Bank Sarasin wird systematisch auf den Kauf von Wertpapieren von Produzenten von Tabakwaren, Kernenergie, Automobilen, Fluggesellschaften, Chlor- und Agrochemikalien sowie Rüstungsgütern und Anbietern von Pornographie und Glücksspielen verzichtet. Der Bereich Gentechnik in der Landwirtschaft ist ebenfalls ausgeschlossen. In der Medizin eingesetzte Gentechnik hingegen wird zurückhaltend auf Einzelfallbasis beurteilt. Konkret bedeutet dies, dass sämtliche riskanten, irreversiblen Produkte und Verfahren als kritisch beurteilt werden, während z. B. die Gewinnung von Insulin mittels genetisch modifizierter Mikroorganismen als nachhaltig angesehen wird.

Leitgedanke für die Bestimmung dieser Ausschlusskriterien ist zum einen der mehrheitliche Wunsch unserer Kundschaft, nicht in o. g. Branchen investieren zu wollen. Zum anderen werden objektiv wie subjektiv riskante Branchen ausgeschlossen. Dadurch reduziert sich sowohl das Umwelt- als auch das Sozialrisiko und somit auch das finanzielle Risiko. (Vergleiche unten: Sarasin-Fonds sind besonders nachhaltig und erzielen überdurchschnittliche Renditen)

Schritt 3: Umfangreiche finanzielle Analyse

Neben die Umwelt- und Sozialanalyse (siehe Schritt 4) tritt die sorgfältige Abklärung der finanziellen Aspekte eines Aktien- bzw. Obligationenkaufes. Hier kommen sowohl qualitative (Management, Produktpalette, Gewinnvisibilität) als auch quantitative Kriterien (Gewinnwachstum, Gewinnbewertung, Rentabilitätskennzahlen und insbesondere Cashflow-Schätzungen) zur Anwendung. Die Zusammenhänge zwischen ökologischen, sozialen und finanziellen Aspekten sind klar erkennbar. So werden z. B. ökologische Nachzügler wegen der noch zu tätigenden kapitalintensiven Umweltinvestitionen in der Finanzbewertung kritisch beurteilt.

Schritt 4: Umwelt- und Sozialanalyse als Voraussetzung für das Rating

Das Herzstück des Sarasin-Konzeptes ist die Nachhaltigkeitsanalyse, welche zu dem Nachhaltigkeitsrating führt. Innovativ und konzeptionell führend ist dabei die gleichwertige Behandlung von ökologischen und sozialen Fragestellungen sowie die Differenzierung zwischen nachhaltigen Produkten / Dienstleistungen (Branchennachhaltigkeit) und nachhaltigem Management (Unternehmensnachhaltigkeit).

Unterscheidung zwischen nachhaltigen Produkten und nachhaltigem Management führt zu Transparenz und Glaubwürdigkeit

Um bei der Unternehmensbeurteilung die Vermischung von nachhaltigen Produkten und nachhaltigem Management zu vermeiden, positioniert Sarasin die Gesellschaften mit ihrer Gesamtbewertung auf der eigens entwickelten „Sarasin-Sustainability-Matrix" zweidimensional (siehe Abbildung 2). Dieses Konzept ermöglicht eine objektive Vergleichbarkeit von Unternehmen mit gleicher Branchenzugehörigkeit *und* den Vergleich von Unternehmen unterschiedlicher Branchen. Exemplarisch wird dies anhand des Ratings von Unilever erläutert: Zum einen führt die Zugehörigkeit von Unilever zum Nahrungsmittelsektor zum Branchenrating „unterdurchschnittlich". In diese Beurteilung fließen die für diese Branche relevanten Probleme wie der sehr hohe Pestizideinsatz in der Landwirtschaft und die zunehmende Überfischung der Meere ein. Zum anderen ist das Unternehmensrating von Unilever im Vergleich zu den Mitbewerbern seiner Branche „hoch". Das bedeutet, dass das Verhalten Unilevers weit über dem Branchendurchschnitt liegt. Diese Einstufung erfolgt u.a. aufgrund der konkreten Maßnahmen des weltgrößten Fischkäufers Unilever gegen die Überfischung der Meere.

Sarasin-Sustainability-Matrix

Unternehmens-Rating
(Nachhaltigkeit des Unternehmens innerhalb der Branche)

hoch

durch-
schnittlich

niedrig

niedrig   durch-   hoch
          schnittlich

Branchen-Rating
(Nachhaltigkeit der Produkte und Dienstleistungen)

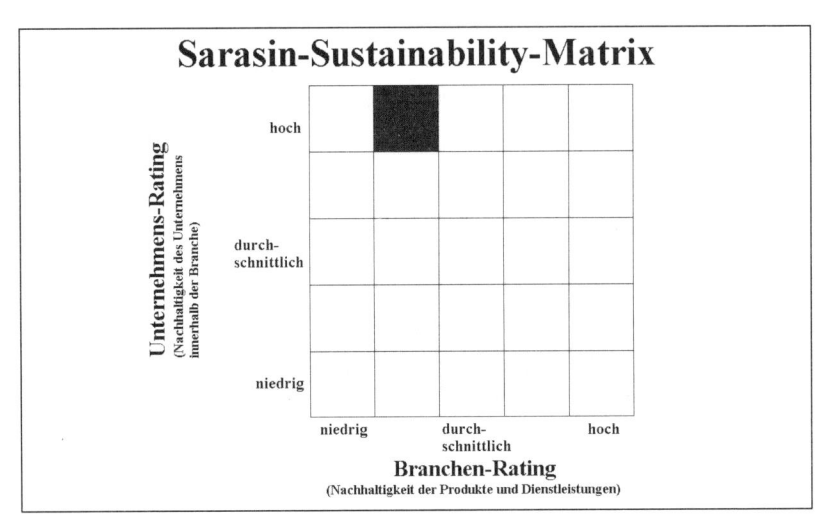

Abb. 2: Sarasin-Sustainability-Matrix:
Einordnung des Lebensmittelkonzerns Unilever

4.1. Das nachhaltige Branchenrating dokumentiert die Umwelt- und Sozialrisiken der Produkte und Dienstleistungen

Die Messung der Nachhaltigkeit einer Branche erfolgt aufgrund der Umwelt- und Sozialrisiken der jeweiligen Branche (geringere Risiken = größere Nachhaltigkeit). Dieser Risikoansatz begründet sich dadurch, dass es bisher noch niemandem gelungen ist, das abstrakte Leitbild „Nachhaltigkeit" in konkrete Ziele und Handlungsanweisungen umzusetzen. Konkret benennbar sind dagegen die heute bekannten Risiken für die Stabilität von Umwelt, Gesellschaft und

Wirtschaft, die einer nachhaltigen Entwicklung entgegenstehen. „Nachhaltige Entwicklung" wird somit von der Bank Sarasin als „Vermeidung von Nicht-Nachhaltigkeit" aufgefasst. Der Anleger profitiert davon, dass diese Methodik der Nachhaltigkeitspositionierung einer Branche nicht einer subjektiv-moralischen Wertvorstellung folgt, sondern auf objektiven, messbaren Indikatoren basiert. Ungeachtet dessen steht es jedem Kunden frei, seine subjektiven Wertvorstellungen im Rahmen der Kapitalanlage umzusetzen. (Vergleiche Schritt 6: Strukturierung kundenspezifischer Nachhaltigkeitsportfolios)

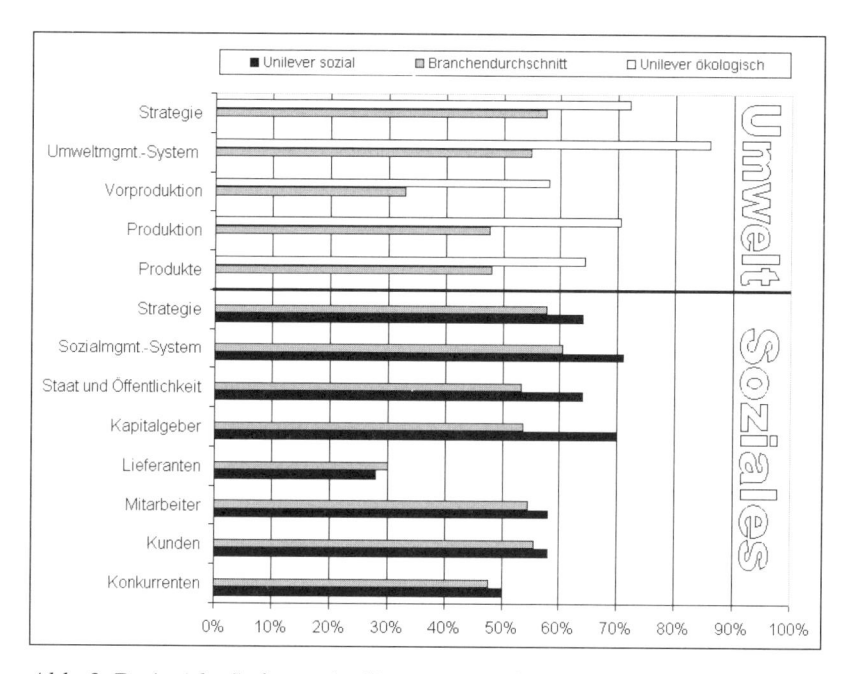

Abb. 3: Rating des Lebensmittelkonzerns Unilever

Untersuchungsgegenstand für das Branchenrating sind sämtliche branchenrelevanten Umwelt- und Sozialrisiken im Produktlebenszyklus (z. B. Rohstoffverbrauch, Sicherheit des Arbeitsplatzes, gesundheitliche Belastung der Mitarbeiter). Für jede Branche erfolgt eine Punktebewertung der Risiken. Anschließend werden alle Branchen entsprechend der Summe der Risikobewertungen in eine

Rangfolge gebracht. Die Platzierung der Branche innerhalb der fünf Nachhaltigkeitsklassen auf der waagerechten Achse der Matrix reicht von „tief" (hohe Risiken) bis „hoch" (geringe Risiken). So wird z. B. die chemische Industrie mit einer niedrigeren Nachhaltigkeit beurteilt als die Softwarebranche, denn durch höheren Ressourcenverbrauch und höhere Emissionen sowie stärkere Gefährdung der Mitarbeiter birgt sie höhere Risiken im Umwelt- und im Sozialbereich.

4.2. Das nachhaltige Unternehmensrating beurteilt das Risiko-Management des Unternehmens im Umwelt- und Sozialbereich

Die Einstufung der Nachhaltigkeit eines einzelnen Unternehmens erfolgt durch die Frage, *wie* ein Unternehmen mit den spezifischen Umwelt- und Sozialrisiken seiner Branche im Vergleich zu den wichtigsten Mitbewerbern umgeht („Best-in-class-Ansatz").

4.2.1. Die Umweltbewertung berücksichtigt die gesamte Ökobilanz eines Produktes

Eingebettet in die Beurteilung der Umweltstrategie und des Umweltmanagement-Systems folgt die umweltseitige Bewertung des Unternehmens einem Lebenszykluskonzept. Es werden alle drei Stufen des Produkt-Lebenszyklusses (Vorproduktion, Produktion, Anwendung der Produkte und Dienstleistungen) anhand der Erfüllung folgender sieben anerkannter Umweltziele des WBCSD (World Business Council for Sustainable Development) beurteilt:
- Reduktion der Energie-Intensität, der Material-Intensität und der Toxizität,
- vermehrte Wiederverwendung und -verwertung (Recycling),
- Erhöhung des Einsatzes erneuerbarer Ressourcen, der Dauerhaftigkeit der Produkte und des Serviceanteils in der Unternehmensaktivität.

Bei der Betrachtung der Kriterien wird deutlich, dass es einen engen Zusammenhang zwischen Umweltnutzen und finanziellen Zielen gibt, denn Reduktion von Energie und Material führt zu direkten Kosteneinsparungen.

4.2.2. Die Sozialbewertung beurteilt die Beziehungen des Unternehmens zu allen Anspruchsgruppen

Die Sozialbewertung folgt dem Anspruchsgruppenkonzept, in dem die Beziehungen des Unternehmens zu seinen wesentlichen Stakeholdern (Anspruchsgruppen) wie Lieferanten, Kapitalgebern, der Öffentlichkeit, den Mitarbeitern, Kunden und Konkurrenten untersucht werden. Wo sinnvoll, folgt die Bewertung dieser Beziehungen ebenfalls einem „Lebenszyklus", in dem der Beziehungsaufbau, die Beziehungspflege und allenfalls die Beendigung einer Beziehung untersucht werden. Auch dies lässt sich ökonomisch begründen. Die Kosten der Akquisition von Kunden oder die Verpflichtung qualifizierter Mitarbeiter sind bedeutend höher als die Pflege bestehender Beziehungen.

**Auch Obligationen auf Nachhaltigkeit prüfen –
weil Ethik unteilbar ist**

Zahlreiche Investoren legen Geld in festverzinslichen Wertpapiere an. Daher interessiert sie auch, inwieweit die häufigsten Emittenten dieser Wertpapiere (Staaten und internationale Organisationen) einen positiven Beitrag zur nachhaltigen Entwicklung leisten. Seit 1998 führt Bank Sarasin auch in diesem Bereich Umwelt- und Sozialbewertungen durch.

Anlog zu Unternehmen analysieren wir bei Staaten den absoluten und den relativen Beitrag zur nachhaltigen Entwicklung (siehe Abbildung 4). Absolut hängt der Rohstoffverbrauch vom Grad der Industrialisierung und dem damit verbundenen materiellen Wohlstand ab. Tendenziell ist die soziale Stabilität daher in Ländern mit hohem Umweltverbrauch höher. Neben dem absoluten Verbrauch an Umweltressourcen und der Höhe des „Sozialkapitals" ist jedoch auch die Effizienz eines Landes im Umgang mit Ressourcen zu bewerten (relative Nachhaltigkeit). Denn unabhängig von der Höhe des absoluten Ressourcenverbrauchs ist die Effizienz, mit der Länder Ressourcen einsetzen, ganz unterschiedlich. Und effizientere Länder leisten höhere Beiträge zur Nachhaltigkeit.

Sarasin-Sustainability-Matrix

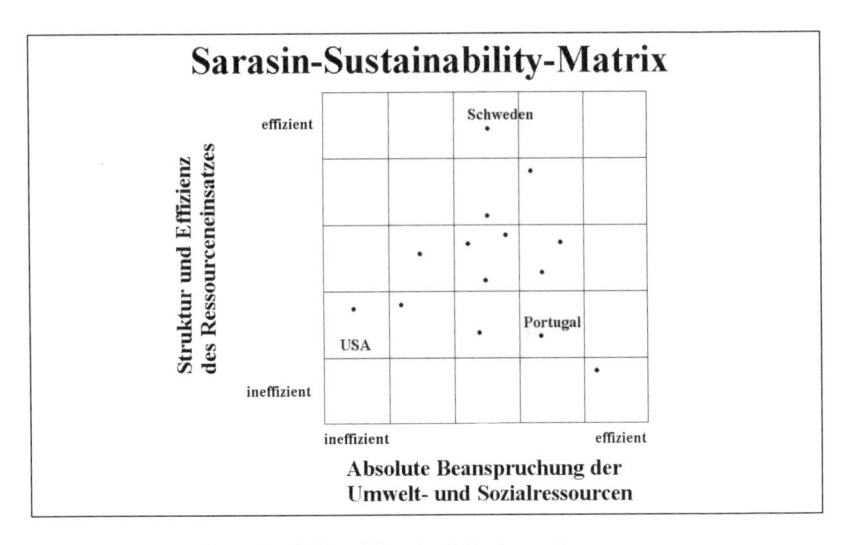

```
                    effizient    Schweden
                                    •
                                    •
                                 •  •  •
                                    •  •
                              •  •
                                       Portugal
                              USA      •
                                          •
                    ineffizient
                    ineffizient         effizient
                    Absolute Beanspruchung der
                    Umwelt- und Sozialressourcen
```
(y-Achse: Struktur und Effizienz des Ressourceneinsatzes)

Abb. 4: Sarasin-Sustainability-Matrix: Länderrating

Zur Beurteilung der Nachhaltigkeit von Ländern verwenden wir beispielsweise die Höhe des Energieverbrauchs pro Kopf und pro Einheit Bruttosozialprodukt sowie Einkommenshöhe und -verteilung. Sämtliche Umwelt- und Sozialkriterien sind anhand des beispielhaften Ratings von Schweden (Abbildung 5 und 6) ersichtlich.

Schweden zählt zu den nachhaltigeren Ländern. Der Ressourcenverbrauch ist zwar hoch (Schweden hat hinter den USA, Kanada und Finnland den höchsten Pro-Kopf-Energieverbrauch), die Ressourcen werden jedoch sehr effizient genutzt – sowohl im Umweltschutz als auch im sozialen Sinne. So hat Schweden pro Einheit „Sozialprodukt" die zweitgeringsten Kohlendioxidemissionen hinter der Schweiz und zählt hinsichtlich Volksgesundheit (gemessen an Kindersterblichkeit und Lebenserwartung), Ausbildung, Gleichmäßigkeit der Einkommensverteilung und Arbeitslosenrate zu den besten OECD-Ländern.

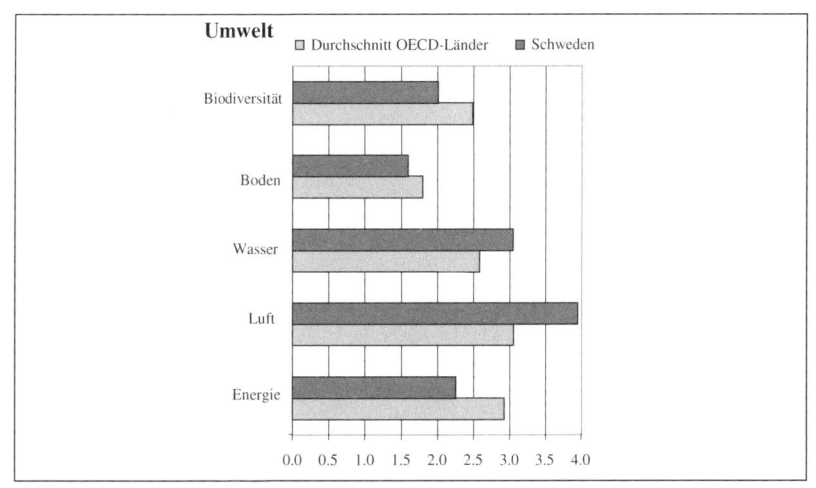

Abb. 5: Nachhaltigkeitsprofil/Umweltbewertung von Schweden

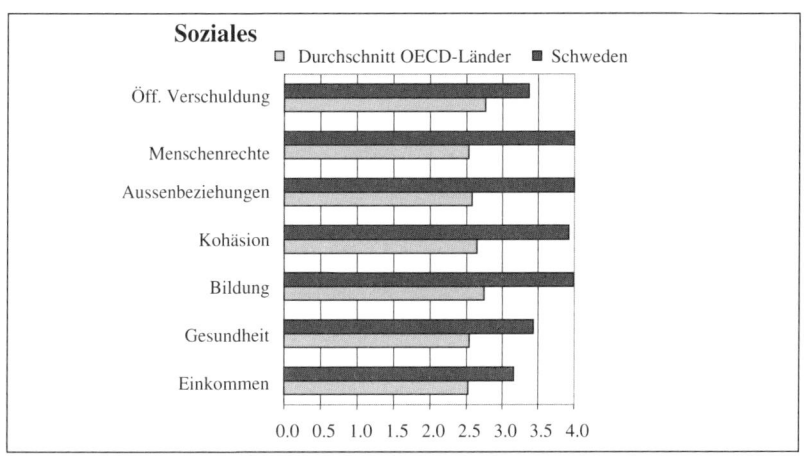

Abb. 6: Nachhaltigkeitsprofil/Sozialbewertung von Schweden

Schritt 5: Qualitätskontrolle

Die Resultate des beschriebenen Analyseprozesses unterliegen strengsten Qualitätskontrollen. Besonders hervorzuheben ist das jährliche externe Kunden-Audit. Bei diesem überprüft unser größter Kunde anhand vorhandener Dokumentation Konsistenz und Qualität unserer Ratings.

Schritt 6: Strukturierung kundenspezifischer Nachhaltigkeitsportfolios

Die Ergebnisse des Nachhaltigkeits-Research mittels Positionierung auf der Sarasin Sustainability Matrix eignen sich für die Strukturierung verschiedenster Portfolios, bei denen der Kunde das Nachhaltigkeitsniveau seines Investments selbst bestimmt (vgl. Abbildung 7). Neben Unternehmen, die aufgrund von auszuschließenden Tätigkeiten (z. B. Produktion von Rüstungsgütern) nicht in ein Portfolio aufgenommen werden, können Unternehmen, die gewisse Qualitätsanforderungen bzgl. des nachhaltigen Managements nicht erfüllen, ebenfalls ausgeschlossen werden (z.B. alle „unterdurchschnittlich" beurteilten Unternehmen). Aus dem verbleibenden nachhaltigen Anlageuniversum wird ein Portfolio entsprechend der vom Kunden präferierten Anlagestrategie erstellt.

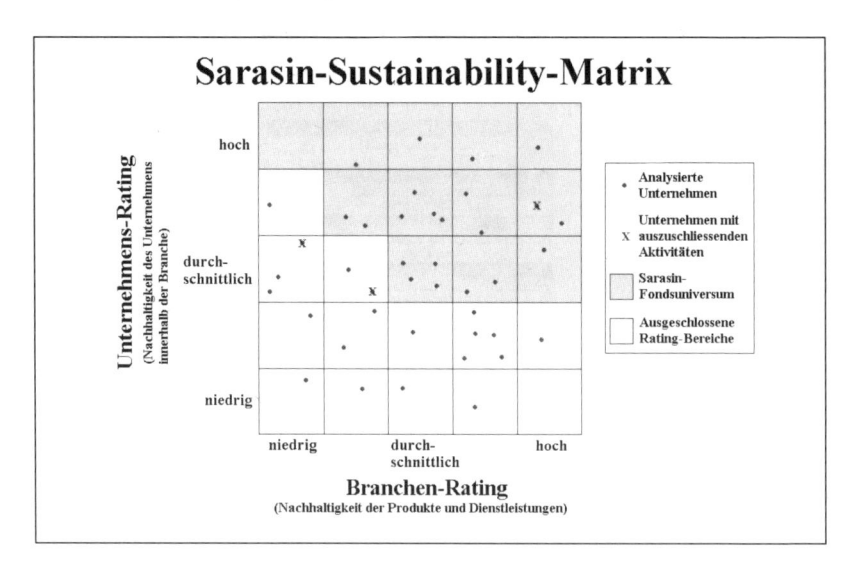

Abb. 7: Kundenspezifische Nachhaltigkeitsportfolios

Sarasin-Fonds sind besonders nachhaltig und erzielen überdurchschnittliche Renditen

Die Anforderungen an die Nachhaltigkeit des Unternehmens liegen bei den öffentlichen Sarasin-Nachhaltigkeitsfonds um so höher, je weniger nachhaltig eine Unternehmensaktivität bzw. Branche ist. Das Anlageuniversum der Fonds Sarasin ValueSar Equity, Sarasin OekoSar Portfolio und Sarasin FairInvest entspricht daher dem grauschraffierten Bereich der Matrix in Abbildung 7. Aus diesem Universum werden rund zwei Drittel des Anlagevolumens in nachhaltige Blue Chips (z. B. Henkel KGaA oder IBM Corp.) und rund ein Drittel in mittel- und kleinkapitalisierte nachhaltige Zukunftswerte investiert (z. B. Solarworld AG aus dem Bereich erneuerbarer Energien oder das Medizinaltechnikunternehmen Synthes-Stratec AG).

Diese Mischung bietet zwei Vorteile: Zum einen führt sie zu einer Fokussierung auf nachhaltige Unternehmen aus nachhaltigen Branchen und entspricht damit auch den Nachhaltigkeitsanforderungen besonders kritischer Kunden. Zum anderen führt das Konzept, in „Gewinner aus Gewinnerbranchen" zu investieren, zu langfristig hohen Ertragserwartungen. Auf den ersten Blick könnte zwar die Hoffnung auf überdurchschnittliche Renditen bei gleichzeitig gutem Gewissen überraschen. Denn es liegt in der Natur des Menschen, die „Gerechte Welt-Hypothese" verinnerlicht zu haben. Gemäß dieser „dürfen" z. B. Menschen mit einem attraktiveren Äußeren als dem eigenen nicht auch noch mehr innere Werte besitzen. Getreu dem Motto „es gibt im Leben nichts umsonst" müsste eine attraktive Eigenschaft mit der Aufgabe einer anderen Tugend „bezahlt" werden. Genauso wenig wie dieses Vorurteil jedoch immer zutrifft, liegt auch kein Grund vor, dass Investoren in nachhaltige Kapitalanlagen die positiven Aspekte für Umwelt und Gesellschaft zu Lasten der Rendite erkaufen.

Im Gegenteil: Bei näherer Betrachtung sprechen sowohl Theorie als auch Empirie eindeutig dafür, dass nachhaltige Kapitalanlagen langfristig überdurchschnittliche Renditen erwirtschaften. Sowohl nachhaltige Unternehmen als auch nachhaltige Branchen versprechen höheren Gewinn bei niedrigeren Risiken. Nachhaltiges Management ist gutes Management. Nachhaltige Unternehmen nutzen die Chancen zukunftsträchtiger Märkte und vermeiden unnötige Risiken. So setzt z. B. ein nachhaltig orientierter Ölkonzern zweiwandige Tanker zum Öltransport ein und vermeidet somit die hohen Risiken für Umwelt, Reputation und Gewinn, die der Einsatz von einwandigen Tankern birgt. Nachhaltige Branchen sind Zukunftsbranchen. Sie sind weniger materialintensiv und berücksichtigen die Knappheiten von morgen. So stellen sich Erzeuger erneuerbarer Energie auf die Endlichkeit fossiler Brennstoffe ein und profitieren schon heute von den „Kyoto-Zielen" zur Eindämmung des Treibhauseffektes.

Dass nachhaltige Kapitalanlagen auch in der Praxis besser rentieren als konventionelle Anlagen belegen Untersuchungen von Bank Sarasin & Cie und anderen[1]. Einen eindrucksvollen Beweis bietet die Performance des Domini 400 Social Index, der aus 400 nach sozialen Kriterien gescreenten US-Unternehmen besteht: In den vergangenen 10 Jahren erzielte der Domini 400 Social Index 16,30% p.a., während der aus konventionelle Aktien bestehende Standard & Poor 500 nur 15,11% p.a. erzielte. Dies entspricht einer Überrendite von 7,9% p.a.

Abbildung 8 zeigt eindrücklich, dass das professionelle und aktive Portfoliomanagement der Bank Sarasin & Cie besonders attraktive Rendite erwirtschaftet.

Der Erfolg des ValueSar sowie anderer Sarasin-Produkte bestätigt, dass außergewöhnliche finanzielle Erfolge nicht trotz, sondern wegen des vorbildlichen Umwelt- und Sozialmanagements möglich werden. Damit bieten nachhaltige Kapitalanlagen dem Anleger die Möglichkeit, sowohl im Einklang mit seinen Wertvorstellungen zu investieren als auch attraktive Renditen zu erwirtschaften.

---

[1] Vgl. *Butz, C.* und *A. Plattner* (1999): „Nachhaltige Aktienanlagen: Eine Analyse der Rendite in Abhängigkeit von Umwelt- und Sozialkriterien." und *Fawer, M., C. Butz* und *C. Vaterlaus* (2001): „Wie nachhaltig ist die Nahrungsmittelindustrie? Eine Untersuchung über die Umwelt- und Sozialverträglichkeit der Nahrungsmittel- und Getränkeindustrie." (Beide Studien sind bei der Bank Sarasin erschienen und erhältlich.) Auch Untersuchungen von Researchunternehmen wie z. B. der Ökom AG und der Dow Jones Sustainability Group-Index zeigen die langfristige Überrendite nachhaltiger Unternehmen.

Wertentwicklung in EUR (indexiert)

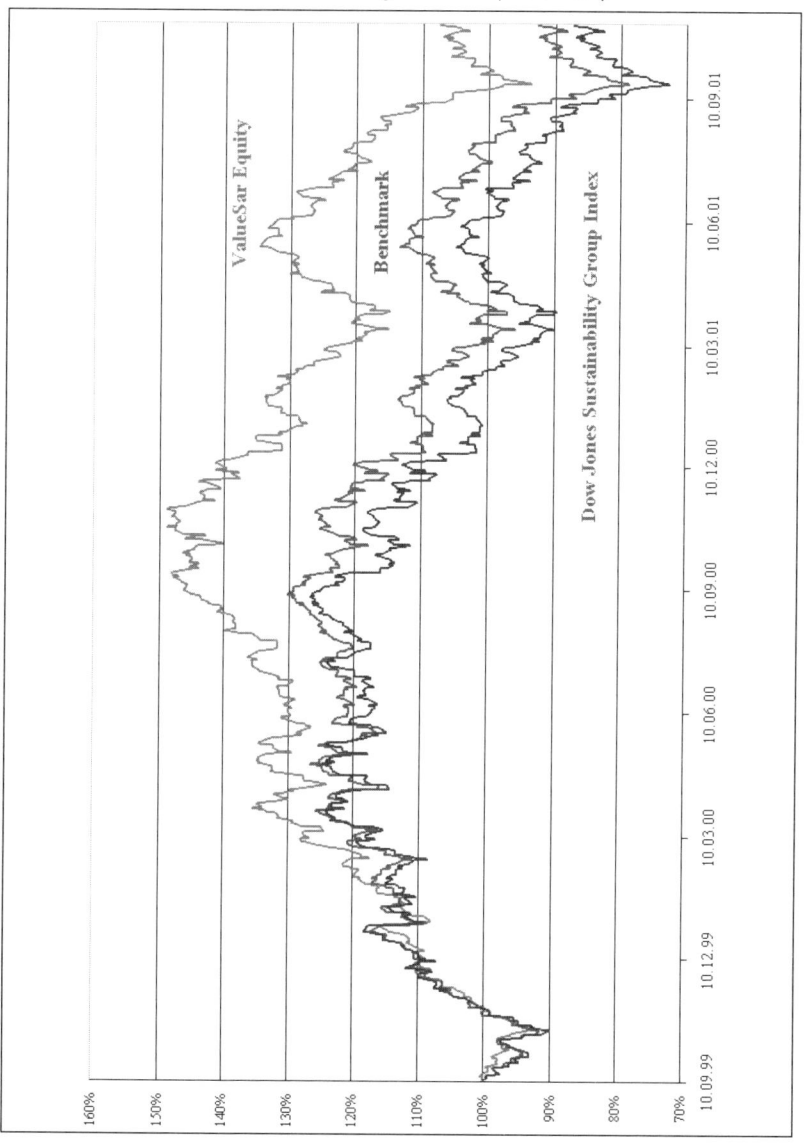

Abb. 8: Wertentwicklung des Aktienfonds Sarasin ValueSar seit Auflage des DJSG-Index (Quelle: Bloomberg)

Robert Haßler

Corporate Responsibility Rating

Ein innovatives Konzept zur Förderung der Nachhaltigen Entwicklung bei Unternehmen und auf den Finanzmärkten – Erfahrungen einer Rating-Agentur

Das ethische Investment ist im Kommen. Was vor Jahren noch als idealistische und renditeschmälernde Verquickung von Geld und Moral abgetan wurde, beschäftigt heute immer mehr private und institutionelle Investoren. Und das mit gutem Grund: die Anlagevolumina in ethisch-ökologische Fonds entwickeln sich rasant nach oben, die erzielten Renditen können sich auch über einen längeren Zeitraum sehen lassen und der „Moralertrag" wird in der Zwischenzeit auch von höchster politischer Ebene gefördert. So sieht Bundesumweltminister Jürgen Trittin inzwischen in der grünen Geldanlage eine „Chance für einen... Prozess, der maßgeblich zur ökologischen Erneuerung beitragen kann".[1]

Eine bedeutende Rolle spielt dabei das Öko- bzw. Nachhaltigkeits-Rating, mit Hilfe dessen Unternehmen – als Emittenten von Wertpapieren – nach ethischen, ökologischen und sozialen Kriterien analysiert und bewertet werden. Damit existiert analog zum klassischen Finanz-Rating ein Bewertungsinstrument, das es ethisch orientierten Kapitalanlegern ermöglicht, die Unternehmen zu identifizieren, die im Bereich der nachhaltigen Entwicklung weltweit führend sind. Auf der anderen Seite gehen von einem derartigen Rating, sofern es regelmäßig und umfassend angewendet wird, entscheidende Anreize in Richtung der bewerteten Unternehmen aus, ihre Performance im ökologischen und sozialen Bereich durch ein kontinuierliches Benchmarking laufend zu verbessern.

---

[1] Trittin, Jürgen: Ökologische Geldanlagen sind Investmentchance mit Zukunft. Presseerklärung des Bundesministeriums für Umwelt, Naturschutz und Reaktorsicherheit 004/01, Berlin, 17.1.2001.

1. Der Markt für ethisch-ökologische Kapitalanlagen

Der Markt für ethisch-ökologische Kapitalanlagen wächst weltweit. Nach einer aktuellen Marktuntersuchung hat sich das Volumen der im deutschsprachigen Raum zum Vertrieb zugelassenen Ökologie- und Nachhaltigkeitsfonds innerhalb von zwei Jahren von 600 Mio. DM (Ende 1998) auf drei Mrd. DM (November 2000) verfünffacht. Dabei hat sich der jährliche Mittelzufluss in die Fonds in nahezu demselben Betrachtungszeitraum um den Faktor 36 erhöht.[2] Das „Forum Nachhaltige Geldanlagen" geht nach einer Schätzung vom September 2001 davon aus, dass es in der Zwischenzeit mehr als 70 Ethik-, Öko- oder Nachhaltigkeitsfonds im deutschsprachigen Raum gibt.

Auch in den USA und in Großbritannien – den Ländern mit der längsten Tradition im Bereich des „Social Responsible Investment" (SRI) – wächst der Markt kontinuierlich weiter. Nach einer Untersuchung des „Social Investment Forum" waren 1999 in den USA insgesamt 154 Mrd. US-$ in ethisch und sozial gescreenten Publikumsfonds und 1.343 Mrd. US-$ in entsprechenden Spezialfonds investiert. Dies entspricht neun Prozent des gesamten Volumens aller US-amerikanischen Investmentfonds. Zwischen 1997 und 1999 hat sich das gesamte Volumen der Social Funds um insgesamt 183 Prozent erhöht.[3]

Die enormen Volumina in den USA sind nicht zuletzt auf Aktivitäten institutioneller Investoren (z.B. kirchliche Anleger und Pensionsfonds) zurückzuführen, die schon vor mehr als zwanzig Jahren begonnen haben, ihre Kapitalanlage nach ethischen Kriterien auszurichten und damit als Initiatoren der gesamten SRI-Szene angesehen werden. Im deutschsprachigen Raum wird die Entwicklung zwar noch sehr durch Privatinvestoren geprägt. Es sind allerdings derzeit Bewegungen erkennbar, dass institutionelle Investoren, insbesondere kirchliche Anleger aber auch Stiftungen in Deutschland ihre Kapitalanlage verstärkt in Einklang mit ökologischen und sozialen Kriterien bringen möchten.

---

[2] Weber, Böcker & Dohm: Doppelte Dividende. Marktstudie zu Aktien, Fonds und Anlegern des ethisch-ökologischen Investments. Begleitforschung zur Messe Grünes Geld 25.-27.02.2001. Messe Berlin, Berlin, 2001.
[3] Social Investment Forum: 1999 Report on Socially Responsible Investing – Trends in the United States. Social Investment Forum, Washington, 1999.

Bedeutende Schützenhilfe für das weitere Wachstum des deutschen Marktes ist von der im Mai 2001 von Bundestag und Bundesrat verabschiedeten Rentenreform zu erwarten. Sie verpflichtet die Anbieter von Altersvorsorgeprodukten in der Zukunft, schriftlich darüber zu informieren, ob und wie ethische, soziale und ökologische Kriterien bei der Verwendung der eingezahlten Beiträge berücksichtigt werden. Dieser Passus gilt sowohl für die Anbieter privater Vorsorgeprodukte wie auch für die in Deutschland neu eingeführten Pensionsfonds, die im Auftrag von Unternehmen die Altersvorsorgebeiträge von Mitarbeitern verwalten.[4]

Diese Berichtspflicht bewirkt, dass sich sämtliche Anbieter von Fonds- und Versicherungsprodukten im Rahmen der privaten und betrieblichen Altersvorsorge in Deutschland in Zukunft mit dem Thema ethisches Investment auseinandersetzen müssen. Welche Schubkraft eine derartige Regelung haben kann, zeigen Erfahrungen aus Großbritannien, wo exakt die selbe Berichtspflicht bereits seit Juli 2000 Gesetz ist: Eine Umfrage kurz nach Inkrafttreten des Gesetzes ergab, dass rund 60 Prozent der untersuchten Pensionsfonds mit einem gesamten Anlagevolumen von 300 Mrd. Pfund in Zukunft ethische Kriterien bei Investmententscheidungen berücksichtigen wollen.[5]

2. Die Methodik des Corporate Responsibility Ratings

Die oekom research AG zählt zu den Pionieren des Ratings nach ökologischen und sozialen Kriterien im deutschsprachigen Raum. Im Bereich der Unternehmens-Ratings gehen die Erfahrungen von oekom auf das Jahr 1994 zurück, als die ersten Öko-Ratings durchgeführt und publiziert wurden. 1999 wurde der Rating-Ansatz um die soziale und kulturelle Dimension erweitert und 2001 neben dem

---

[4] Hagen von der, Hans: Riester-Produkte sollen größeren Durchblick bieten. Süddeutsche Zeitung, München 12.06.2001, S. 28.
[5] UK Social Investment Forum: 48% of Top Pension Funds want Fund Managers to consider financial impact of Corporate Social Responsibility, UK Social Investment Forum: 48% of Top Pension Funds want Fund Managers to consider financial impact of Corporate Social Responsibility, accoding to survey carried out by UK Social Investment Forum, Press Release 5.10.2000, UK Social Investment Forum, London, 2000.

Unternehmens-Rating auch ein Länder-Rating aufgebaut, mit Hilfe dessen die weltweit gängigsten Staatsanleihen nach ökologischen und sozialen Kriterien bewertet werden können.

Derzeit bezieht sich das Research-Universum auf ca. 800 börsennotierte Unternehmen aus mehr als 25 Branchen und Ländern (Stand 10.01). Es teilt sich auf in ein sogenanntes „Leader-Research", mit Hilfe dessen ca. 600 der bedeutendsten Unternehmen weltweit (int. blue chips) nach den Kriterien des Corporate Responsibility Ratings (CRR) analysiert werden und dem „Pionier-Research", das ca. 200 klein- bis mittelgroß kapitalisierte Unternehmen weltweit erfasst, die von ihrer Geschäftsausrichtung einen engen Bezug zur Nachhaltigen Entwicklung aufweisen (z.b. erneuerbare Energien, Gesundheit, Bildung). Dieses Universum ermöglicht eine Abdeckung anerkannter Börsenindizes wie z.b. dem MSCI World oder DJ STOXX 600 von ca. 80 Prozent der Marktkapitalisierung.

Seit einiger Zeit sind mehrere Investment-Fonds auf dem Markt, die auf dem Research nach dem Corporate Responsibility Ansatz von oekom aufbauen (z.b. sämtliche Nachhaltigkeitsfonds der SEB-Invest). Ferner nutzen immer mehr institutionelle Investoren (u.a. aus dem kirchlichen Bereich) das CRR zum Screening ihrer Wertpapierportfolios nach ethischen Kriterien.

Die oekom research AG mit seinem zehnköpfigen, interdisziplinär besetzten Team hat seinen Ursprung nicht im Finanzbereich, sondern in der Umwelt- und Sozialforschung. Die Gesellschaft ist vollkommen unabhängig, ist kein Bestandteil eines Finanzkonzerns, sondern gehört ca. 40 in erster Linie privaten aber auch kirchlichen Aktionären.

Das Corporate Responsibility Rating basiert auf der weltweit umfassendsten Kriteriensammlung zur ethischen Bewertung von Unternehmen – dem „Frankfurt-Hohenheimer Leitfaden" (FHL) – der von der Projektgruppe Ethisch-Ökologisches Rating unter der Leitung der Professoren Johannes Hoffmann (Theologe) und Gerhard Scherhorn (Volkswirt) entwickelt und 1997 veröffentlicht wurde.[6]

---

[6] Hoffmann, Ott & Scherhorn: Ethische Kriterien für die Bewertung von Unternehmen. Frankfurt-Hohenheimer-Leitfaden. Frankfurt 1997.

Die über 800 Kriterien des FHL werden in drei unternehmerischen Verantwortungsbereichen zusammengefasst: Verantwortung gegenüber:
- der natürlichen Umwelt (Naturverträglichkeit),
- den Mitarbeitern (Sozialverträglichkeit),
- der Gesellschaft und den Kulturen (Kulturverträglichkeit).

Im Rahmen der Operationalisierung der Kriterien des FHL sind für das Corporate Responsibility Rating insgesamt 200 Untersuchungskriterien als Grundlage für die Unternehmensanalyse evaluiert worden. Damit wird dem CRR im weltweiten Vergleich eine der größten Untersuchungsbreiten und -tiefen bescheinigt.[7] Auf der Basis dieser 200 Kriterien werden je nach Branche die Kriterien mit der höchsten methodischen Trennschärfe und inhaltlichen Relevanz selektiert und damit für die Analyse eines konkreten Unternehmens herangezogen.

Der Tradition einer Rating-Agentur entsprechend, legt oekom sehr hohen Wert auf eine intensive Kooperation mit den bewerteten Unternehmen während des Ratingprozesses und veröffentlicht die wichtigsten Ergebnisse in deutscher und englischer Sprache. Dies hat zur Folge, dass die Ratings von oekom von weiten Kreisen wahrgenommen werden und dadurch Prozesse in Gang gesetzt werden, die die bewerteten Unternehmen zu einer Optimierung ihrer ökologischen und sozialen Performance animieren.

Das Corporate Responsibility Rating setzt sich aus zwei gleichwertigen Bestandteilen – dem Environmental Rating und dem Social Cultural Rating – zusammen:

---

[7] Walker Jim, Farnworth Emily: Rating Organisations – what is their impact on corporate sustainability strategy? URS Corporate Sustainablility Solutions, UK 2001.

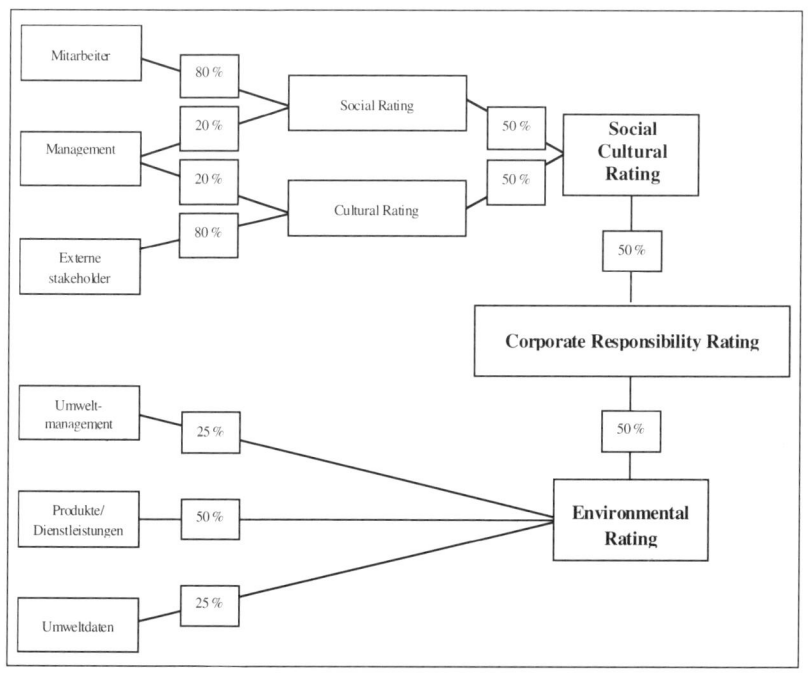

Grafik: Struktur des Corporate Responsibility Ratings

2.1. Datenerhebung

Die relevanten Informationen im Rahmen des Corporate Responsibility Ratings werden sowohl bei den Unternehmen als auch bei unabhängigen Experten erhoben:

- Auswertung von Unternehmensinformationen (Geschäfts-, Sozial- und Umweltberichte, Produktlinienbeschreibungen, etc.)
- Internet- und Datenbankrecherche, Media-Screening
- Umfassende Unternehmensbefragung mittels Fragebögen und Interviews
- Ausführliche Recherche bei Experten aus der Wissenschaft und internationalen NGOs

2.2. Untersuchungsbereiche des Social Cultural Ratings

Management
Unternehmensleitbild, Beauftragte, Audits, Programm, Reporting

Mitarbeiter
Mitbestimmung, z.b. Umfang der betrieblichen Mitbestimmung
Arbeitszeit, z.b. Orientierung an ILO-Standards, Tages- und Wochenarbeitszeit, Urlaubstage, Umgang mit Überstunden
Arbeitsplatzsicherheit, z.B. Massenentlassungen
Entlohnung, z.b. Krankenversicherung und Lohnfortzahlung im Krankheitsfall, Minimallöhne in Entwicklungsländern
Gesundheit, z.b. durchschnittliche Krankheitstage, Anzahl der Unfälle, Nichtraucherbüros
Beziehung zu gesellschaftlich benachteiligten Gruppen, z.b. Ausländer, ethnische Minderheiten, Behinderte

Externe Anspruchsgruppen
Zulieferer, z.b. soziale Standards sowie deren Überwachung
Kunden, z.b. Produktverantwortung, Zugang der Produkte für viele gesellschaftlichen Schichten
Staat/Gemeinwesen, z.b. Beitrag zur Erhaltung der kulturellen Vielfalt in der Region, etc.
Ausland (v.a. Schwellen- und Entwicklungsländer), z.B., Verhalten gegenüber Staaten, in denen laut AI besondere Menschenrechtsverletzungen stattfinden, etc.
Fairness in Wirtschaftsbeziehungen, z.B. Kartellverstöße, Korruption

2.3. Untersuchungsbereiche des Environmental Ratings

Management
Unternehmensleitbild, Beauftragte, Audits, Programm, Reporting

Produkte / Dienstleistungen
Maßnahmen und Ziele der ökologischen Produkt- und Dienstleistungsentwicklung (branchenspezifisch), z.B.:
- Reduzierung des Verbrauchs nicht-erneuerbarer Ressourcen
- Reduzierung schädlicher Emissionen

- Verwendung von umweltverträglichen Materialien
- Vermeidung von umweltschädlichen Materialien
- Reparatur- und Recyclingfreundlichkeit
- Langlebigkeit

Umweltdaten
- Energieverbrauch
- Wasserverbrauch
- Abfallaufkommen und -zusammensetzung
- Emissionen in die Abluft, z.B.: CO_2, SO_x, No_x

2.4. Kriterien des Negativ-Screenings:

Alkohol, Atomenergie, Ausbeutung nicht-erneuerbarer Rohstoffe, Biozide, Chlororganische Massenprodukte, Energieerzeugung durch fossile Brennstoffe, Glückspiel, Grüne Gentechnik, Kinderarbeit, Menschenrechtsverletzungen, Militärengagement, Pornografie, Nicht-nachhaltiges Forstmanagement, OSPAR Substanzen, Tabak, Tierversuche.

2.5. Bewertung

Um eine höchstmögliche Objektivität der Ratings zu gewährleisten, hat oekom ein Bewertungshandbuch entwickelt, das den Analysten eindeutige Richtlinien für die Bewertung jedes einzelnen Untersuchungskriteriums vorgibt. Auf Basis der Einzelbewertungen errechnen sich über die jeweiligen Gewichtungen sowohl die Teil-Ratings der aufgelisteten Untersuchungsfelder und Untersuchungsbereiche, als auch das Environmental Rating, das Social Cultural Rating und das Corporate Responsibility Rating.

Die Performance eines Unternehmens wird auf einer zwölfstufigen Skala von A+ bis D– bewertet:

A = Das Unternehmen zeigt außergewöhnliche Leistungen
B = Das Unternehmen verhält sich weitgehend progressiv
C = Das Unternehmen hat grundlegende Maßnahmen ergriffen
D = Das Unternehmen zeigt wenig Engagement

Das *Performance-Rating* verdeutlicht dem Anleger, inwieweit das Unternehmen die jeweiligen branchenspezifischen Anforderungen in den Bereichen Kultur-, Sozial- und Naturverträglichkeit umsetzt.

Darüber hinaus wird ein Ranking der Unternehmen im Branchenvergleich erstellt. Das sogenannte *Best of Class-Rating* ermöglicht dem Anleger eine Beurteilung des Unternehmens im Vergleich zu seinen Wettbewerbern. So kann es vorkommen, dass ein Unternehmen insgesamt nur ein mittelmäßiges Performance-Rating von C+ bekommt, im Branchen-Ranking aber auf Platz 2 steht und damit ein sehr gutes Best of Class-Rating erzielt hat.

3. Die Anwendung des CRR durch kirchliche Anleger

Dem Anleger eröffnet gerade diese Kombination aus absoluter und relativer Bewertung einen großen Spielraum hinsichtlich der Optimierung seines Portfolios. Er kann beispielsweise für sich definieren, nur in Titel zu investieren, die ein besseres Performance-Rating als C+ haben. Er kann aber auch nur die Titel auswählen, die innerhalb ihrer Branche zu den oberen 25 Prozent zählen. Es sind natürlich auch sämtlich Kombination aus beiden Vorgehensweisen möglich sowie eine Integration von branchenspezifischen Besonderheiten, z.B. bei Unternehmen aus der Öl- und Gasindustrie strengere Maßstäbe anzulegen als beispielsweise bei Telekommunikationsunternehmen. Ergänzt werden kann dieses Vorgehen durch die Integration von anlegerspezifischen Ausschlusskriterien und eine Positiv-Selektion von „nachhaltigen Pionierunternehmen" in die Portfoliozusammenstellung.

Idealtypisch sieht der Prozess der Wertpapierselektion nach den Kriterien des Corporate Responsibility Researchs unter Berücksichtigung anlegerspezifischer Ausschlusskriterien wie folgt aus:

> **Zu Grunde gelegtes Wertpapieruniversum**
> auf der Basis anerkannter internationaler Indizes
>
> Auswahl nach
> Negativ-Kriterien
>
> **Bereinigtes Wertpapieruniversum**
> ohne Wertpapiere, die gegen die Ausschlusskriterien des Anlegers verstoßen
>
> Auswahl nach
> Best of class-Ansatz
>
> **Geratetes Wertpapieruniversum**
> mit Wertpapieren, die nach dem Corporate Responsibility Rating zu den besten aus der jeweiligen Klasse gehören

Dieses geratete Wertpapieruniversum, das entsprechend der Risiko-Rendite Disposition des Anlegers Aktien und Renten (Unternehmensanleihen, Staatsanleihen) in beliebigen Verhältnissen umfassen kann, steht dann der Kapitalanlagegesellschaft, mit der der Anleger zusammenarbeitet, zum Investment zur Verfügung.

Die Erfahrungen der letzten Jahre haben gezeigt, dass ein derartiger Investmentansatz geeignet ist, sowohl die anlegerspezifischen ethischen als auch finanziellen Erwartungen zu befriedigen. Zum einen hat der Anleger durch das Einschalten einer unabhängigen Rating-Agentur die Garantie, dass die ethischen Kriterien wirklich berücksichtigt und eingehalten werden. Zum anderen zeigt gerade die Aktienselektion nach dem best of class-Ansatz seit vielen Jahren eine durchaus vergleichbare, wenn nicht sogar bessere Finanzperformance als ein konventionelles Vorgehen.

4. Fazit

Es ist deutlich zu erkennen, dass das Innovationspotenzial, welches dem Rating innewohnt, immer stärker zum Tragen kommt. Hauptsächlicher Grund dafür ist die eingangs beschriebene stark wachsende Nachfrage durch den ethisch-ökologischen Kapitalmarkt. Je mehr Investoren ethische Aspekte bei ihrer Kapitalanlage berücksichtigen, desto stärker wird der Anreiz von Unternehmen, im entsprechenden Rating gut abzuschneiden.

Dieser „ethische Wettbewerb" kann maßgeblich dazu beitragen, dass sich das Leitbild der Nachhaltigen Entwicklung bei Unternehmen zunehmend etabliert und sich damit die Schere zwischen der Beachtung ethischer und ökonomischer Anforderungen an Unternehmen weitgehend schließt. Denn langfristig ist nur ethisch verträgliches Handeln auch ökonomisch erfolgreich: Unternehmen, die ökonomische, ökologische und soziale Ziele in Einklang bringen, werden nicht nur ihrer gesellschaftlichen Verantwortung in einer globalisierten Weltwirtschaft gerecht, sondern erzielen damit auch größere Wettbewerbsvorteile und deutlichere Wertzuwächse. Der Prozess, dies zu erkennen, hat bereits begonnen.

Alois Flatz
Dow Jones Sustainability-Index – der Durchbruch für Sustainability Investitionen

Das Thema Sustainability hat an den internationalen Finanzmärkten in jüngster Zeit eine bemerkenswerte Aufwertung erlebt. Private und institutionelle Investoren legen zunehmend Wert darauf, Investitionen in ethisch, ökologisch und sozial verantwortungsbewusste Anlagevehikel zu platzieren, nicht zuletzt aus der Erkenntnis, dass nachhaltig geführte und operierende Unternehmen ein nachweislich höheres Wertsteigerungspotenzial aufweisen, als vergleichbare, herkömmlich geleitete Unternehmen. Begünstigt wurde dieser Trend durch regulatorische Einflüsse und durch entsprechende Auflagen von Aufsichtsorganen großer institutioneller Anleger, etwa von Pensionskassen. Dem zunehmenden Interesse der Investoren kommen die Anbieter von „nachhaltigen" Finanzprodukten mit einer Reihe von professionellen neuen Angeboten – Aktienfonds, Beteiligungs- und Investmentgesellschaften oder individuell gestaltete Portfolios – entgegen.

Betrachtet man die Geschichte dieses Segments, so begann die Entwicklung in den 70-er Jahren mit der Einführung von sogenannten Socially Responsible Investments (SRI) in den USA. Nach diesem Ansatz werden Unternehmen von Investitionen mit unerwünschten, ethisch unsauberen, Aktivitäten und Produkten ausgeschlossen, zu Beginn Unternehmen mit Aktivitäten in Südafrika. In Europa entstanden in den 80-er Jahren erste „grüne" Anlageformen, deren Hauptaugenmerk der Umwelttechnologie galt, und hier vor allem den „End-of-the-Pipe"-Technologien. Sie kamen allerdings zu einem Zeitpunkt, als der Boom nach Kläranlagen, Müllverbrennungsanlagen, Filtertechniken bereits den Zenit, ausgelöst durch gesetzliche Emissionsvorschriften, überschritten hatten.

In den 90-er Jahren erkannten viele Industriekonzerne die Bedeutung des produktionsintegrierten Umweltschutzes und benötigten daher deutlich weniger nachsorgende Filter- oder Entsorgungsanlagen. Dies hatte negative Auswirkungen auf die Rendite dieser „grünen" Fonds zur Folge, deren magere Performance bei vielen Anlegern Vorurteile hinterließ und das ganze Segment der Sustainability Investments bis heute in ein getrübtes Licht stellt. Als Antwort auf diese Entwicklung konzentrierten sich die Anbieter ab Mitte der 90er Jahre auf das Thema Öko-Effizienz, das auf Kosten- und Ressourceneinsparungen in den Produktionsprozessen zielte.

Erst in jüngster Zeit wurde das Konzept von Sustainability Investments an den Finanzmärkten populär, abzulesen etwa an der Zahl der Banken und Finanzinstitutionen, die eigene Produkte auf den Markt brachten oder an der Gesamtsumme der nach dem Sustainability-Ansatz getätigten Investments, die je nach Definition und Land auf zwischen einem und zehn Prozent aller getätigten Investitionen geschätzt werden. Der Durchbruch erfolgte durch die Entwicklung eines neuen Ansatzes – Sustainability Investitionen – durch SAM Sustainable Asset Management. Diesem Ansatz folgte auch Dow Jones Indexes und entschloss sich, ihn als Basis zur Entwicklung des weltweit ersten Sustainbility Indexes zu verwenden.

Sustainability Investing – Schaffung von Mehrwert

Werfen wir zunächst einen Blick auf den Begriff: Unter Corporate-Sustainability verstehen wir einen Ansatz zur Schaffung von Mehrwert durch die Nutzung von Chancen und die Vermeidung von Risiken, die sich aus ökologischen, sozialen und ökonomischen Entwicklungen ergeben. Nachhaltig ausgerichtete Unternehmen zeichnen sich durch eine proaktive, kosten- und verantwortungsbewusste sowie zukunftsgerichtete Unternehmenspolitik aus, die ihnen einen Vorsprung gegenüber der Konkurrenz ermöglicht und zu einer überdurchschnittlichen Steigerung des Unternehmenswertes führt.

Eine solche Wertsteigerung ist direkt verknüpft mit der strategischen Ausrichtung des Unternehmens auf die Grundsätze einer nachhaltigen Unternehmensentwicklung, wozu etwa die Innovationsfähigkeit, das Verantwortungsbewusstsein der Unternehmensführung, die ausgewogene Berücksichtigung von Interessen von Aktionären, Mitarbeitenden und der Umwelt, die Übernahme einer diesbezüglichen Führungsrolle in der jeweiligen Industrie sowie generell die Wahrnehmung der gesellschaftlichen und sozialen Verantwortung zählen.

Neue Trends bieten neue Investitionsmöglichkeiten

Neue Trends wie gesellschaftliche Transparenz, kurze Lebenszyklen neuer Technologien oder globale Umweltveränderungen führen zu neuen Erfolgskriterien für im globalen Konkurrenzkampf stehende Unternehmen. Abrupt auftretende „Skandale" wie die Maul- und Klauenseuche, BSE oder genetisch veränderte Lebensmittel stellen beispielsweise die Lebensmittelindustrie plötzlich vor neue Herausforderungen. Sie beinhalten neue Risiken für die Glaubwürdigkeit von Marken, aber auch neue Chancen zur Entwicklung neuer Märkte. Diese entstehen in neuen Technologiefeldern, die von den Trends besonders profitieren. Alt eingesessene Unternehmen müssen die Marktbühnen verlassen, neue dringen mit verbesserten und kundenfreundlicheren Lösungen schnell in die Nischen ein und weiten diese aus.

Um diese Veränderungen in Investitionsentscheidungen abzubilden, sind neue Ansätze notwendig. Es genügt nicht mehr, nur über quantitative Analysen den Shareholder-Value zu berechnen, sondern neue, erweiterte Ansätze zur Beurteilung der Unternehmen in einem sich abrupt verändernden Umfeld sind notwendig.

Trend	Herausforderung für das Unternehmen
Globaler Wettbewerb durch schnelle Innovationszyklen und sich konstant ändernde Veränderungen des Geschäftsumfeldes	o Vision, Strategie, Organisationsentwicklung o Qualität des Top-Managements und der strategischen Aufsichtsorgane o Strategische Planung o Planungs- und Controlling-Prozesse o Nutzen (added value) der Produkte und Dienstleistungen
Dramatischer Zuwachs in Transparenz und technologischen Möglichkeiten der Kommunikation- Marke und Reputation stehen vor neuen Herausforderungen	o Markenmanagement o Risikomanagement o Investor-Relations und Reporting o Corporate Governance o Compliance Systeme
Geschäftsbeziehungen und Allianzen basieren auf dynamischen Reziprozitäten entlang der traditionellen Grenzen	o Supply chain management o Kooperationsmanagement o Soziale Fähigkeiten der Mitarbeiter
Zunehmende Bedeutung von sozialen und ökologischen Inhalten – Regierungen und andere Stakeholder fördern aktive und verantwortliche „Bürger- und Unternehmergesellschaft"	o Integration von sozialen und ökologischen Inhalten in die unternehmerische Nutzenstiftung an den Kunden o Umwelt- und Sozialmanagement o Stakeholderbeziehungen o Programme zur Wahrnehmung der gesellschaftlichen Unternehmensverantwortung
Wechsel von einer Produkte- zu einer Dienstleistungs-Gesellschaft	o Mitarbeiterpotential, -motivation und -entwicklung (Human relations management) o Intellectual Capital Management (Wissensmanagement) o Innovationsmanagement
Stärkung der Kundenmacht durch globalen Zugang zu Informationen und Produkten sowie die Entwicklung von neuen Lebensstilen- und werten	o Kundenfokusierung o Markenmanagement o Unternehmenswerte und Vision

Chart: Nachhaltige Trends, die die Unternehmenswelt verändern

Diese Trends führen zu neuen Erfolgsfaktoren im Unternehmensmanagement und bieten zusätzlich neue Investitionschancen in neuen Technologieclustern.

Für erfolgreiche Investitionsentscheidungen ist es daher wichtig, die künftigen Weltmarktführer zu finden. Diese entwickeln neue innovative Kundenlösungen in Technologiefeldern mit den größten Zukunfts- und Wachstumspotentialen. Die innovativen Kundenlösungen basieren auf erweiterten Strategie- und Managementansätzen, um diese neuen Potentiale zu identifizieren, zu entwickeln und rentabel zu vermarkten. Nachhaltig erfolgreiche Investitionsentscheidungen werden auf erweiterte Kriterien der Nachhaltigkeit abgestützt.

„Best of Class"-Ansatz

Diese Sustainability-Veränderungen können durch eine systematische Analyse, Bewertung und Klassifizierung von Unternehmen zu Anlagezwecken verwendet werden. Sie liefern durch die zukunftsgerichtete Konzentration auf die Chancen der Firma ein zahlen- und faktengestütztes Fundament für die Bewertung nachhaltiger Unternehmensleistungen. Dazu zählt etwa die Fähigkeit, die Marktnachfrage nach nachhaltigen Produkten und Dienstleistungen durch entsprechende Angebote und Leistungen zu befriedigen sowie die Fähigkeit, ökonomische, ökologische und soziale Risiken und Kosten zu reduzieren, idealerweise sogar zu eliminieren. Dieser Kriterienraster dient zur Identifikation von börsennotierten Unternehmen, die in der jeweiligen Branche oder Sektor nach dem Kriterium der Nachhaltigkeit zu den führenden Firmen zählen. Der Ansatz ist auch als „best of class" bekannt.

Aufbauend auf diesem Analyse- und Bewertungsraster hat die SAM Sustainable Asset Management in Kooperation mit dem wohl bekanntesten Index-Anbieter, Dow Jones Indexes, im Jahr 1998 den weltweit ersten Sustainability-Index entwickelt und mit Erfolg an den Finanzmärkten 1999 eingeführt. Der Dow Jones Sustainability Index (DJSI) und seine Subindizes bilden die Performance der bezüglich Nachhaltigkeit weltweit besten Unternehmen ab, die ihrerseits im Weltindex von Dow Jones enthalten sind. Die DJSI-Indexfamilie umfasst einen globalen Index, drei regionale Indizes (Nordamerika, Europa, Asien/Pazifik) und einen Landes-Index (USA).

Ein neutrales und transparentes Maß

Für jeden dieser fünf breit angelegten Indizes bestehen zusätzlich vier enger gefasste und stärker spezialisierte Sustainability-Indizes, die jeweils auf den Gebieten Alkohol, Glücksspiel und Tabak tätige Unternehmen ausschließen. Mit dem DJSI steht den Investoren und der Finanzbranche als Ganzes ein neutrales und transparentes Maß für die Sustainability-Performance zur Verfügung. Der Indikator dient aber auch den Unternehmen, die ihn als Anreiz zur konsequenten und möglichst weitgehenden Umsetzung des Sustainability-Gedankens nutzen.

Nach der jährlichen Überprüfung der Zusammensetzung enthält der DJSI ab Oktober 2001 insgesamt 311 Unternehmen aus 63 Branchen und 25 Ländern mit einer Marktkapitalisierung von deutlich mehr als fünf Billionen Dollar. Zu den Top-Unternehmen ihrer Branche zählen beispielsweise UBS und Swiss Re aus Schweiz, Volkswagen aus Deutschland, ING und Unilever aus Holland, Sony aus Japan oder Procter & Gamble, Intel und Dow Chemical aus den USA.

Vielzahl von Produkten mit Indexbezug

Mit dem Dow Jones Sustainability Index werden nicht nur Informationen über die aktuelle wirtschaftliche, umweltbezogene und soziale Performance abrufbar, sondern es wird auch erkennbar, welche Erfolge bereits erzielt sind, und welche Wegstrecke noch zurückgelegt werden muss. Mit der Indexfamilie des DJSI lassen sich die Aspekte von Sustainability leichter verstehen, umsetzen, messen und mit Erfolg nutzen. Die Bedeutung von Sustainability haben auch die Anbieter von Finanzprodukten erkannt, und auf die eingangs erwähnte Zunahme der Nachfrage von Anlegern nach hochentwickelten Anlageprodukten reagiert. 33 Lizenznehmer aus zwölf Ländern bieten bereits eine Vielzahl von innovativen Finanzprodukten auf den DJSI an. Insgesamt investieren diese Lizenznehmenr mehr als 2 Milliarden Euro auf Basis der Dow Jones Sustainability Indexes. Der wirtschaftliche Erfolg der Dow Jones Sustainability Indexes und darauf begebenen Produkte zeigt, dass der Index Sustainability-Trends nicht nur abbilden, sondern darüber hinaus selbst entsprechende Trends setzen kann.

Wohin geht die Reise? Die durch die Entwicklung des Dow Jones Sustainability-Indexes begonne Professionalisierung von Sustainability Investitionen wird sich weiter fortsetzen. Neben der Verwendung des Indexes als Benchmark und Grundlage von Fonds und Zertifikaten kann die Lancierung von weiteren Derivativen wie Exchange Traded Funds erwartet werden. Hinzukommt ein Interesse von Investoren an Spezialindizes, die sich auf einzelne Aspekte der Sustainability-Dimensionen konzentrieren, z.b. Human Capital Index. Gleichzeitig darf davon ausgegangen werden, dass nicht nur Investoren, sondern auch Versicherungsunternehmen zur Einschätzung der Versicherungsrisiken Sustainability Informationen in zunehmendem Ausmaß verwenden werden.

Mit zunehmendem Vertrauen der Investoren interessieren sich diese auch für kleinere Pionierunternehmen, deren Technologien und Produkte ganz besonders von den Sustainability Trends profitieren. Hierzu zählen auch Beteiligungen an nicht börsennotierten Unternehmen (Private Equity). Seit der Einführung des SAM Sustainability Pionier-Fonds mit Investitionen in börsendotierte klein- und mittelgroße Unternehmen im November 1999 und der Lancierung des ersten Sustainable Private Equity Fonds deckt SAM den gesamten Lebenszyklus eines Unternehmens ab. Die neueste Entwicklung stellt die Bildung von branchenspezifischen Produkten daher, zum Beispiel Fonds mit den Investitionsschwerpunkten „Nachhaltige Energien und Energietechnologien" oder, seit September 2001, mit dem Schwerpunkt Wasser.

Es wird nur mehr eine Frage der Zeit sein, bis der Finanzmarkt in zunehmendem Maße das auf qualitativen Informationen beruhende System von Sustainability systematisch in die Finanzanalyse integriert. Wir sehen Sustainability Informationen als eine optimale Ergänzung zu den oftmals sehr kurzfristig orientierten Konzepten der quantifizierten Unternehmensanalyse, z.B. des kurzfristig missverstandenen Shareholder-Value Denkens.

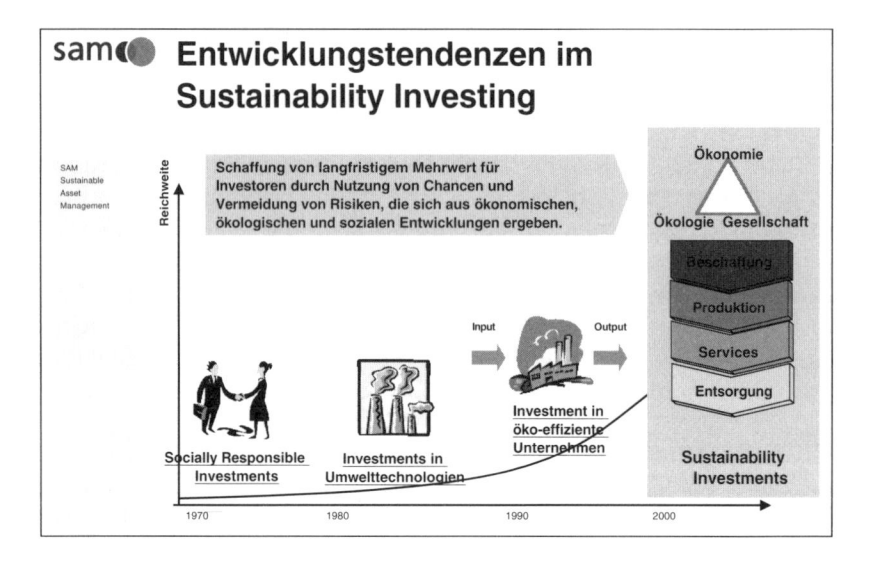

sam⦿ Entwicklungstendenzen im Sustainability Investing

SAM Sustainable Asset Management (SAM) ist eine unabhängige Vermögensverwaltungs- und Researchgesellschaft, die sich ausschließlich auf nachhaltige Anlageformen (Sustainability Investments) konzentriert. SAM verwaltet institutionelle und private Mandate im Einklang mit ökonomischen, ökologischen und sozialen Kriterien. SAM entwickelt und verwaltet Finanzprodukte für Sustainability Investments, darunter die Sustainable Performance Group, die erste und größte europäische Investmentgesellschaft mit Sustainability Fokus. Zu den Kunden zählen führende europäische Großbanken, global tätige Versicherungsunternehmen, Pensionskassen und private Kunden. Seit der Gründung im Jahr 1995 hat sich SAM zu einem der führenden Unternehmen in diesem Bereich entwickelt. Das Unternehmen zählt derzeit rund 55 qualifizierte Beschäftigte und verfügt über Büros und Partner in Zollikon bei Zürich (Hauptsitz), Chicago, und Sydney.

sam⦿

DJSI Kennzahlen – 5 Jahresdurchschnitt

Dow Jones Sustainability Indexes

SAM Sustainable Asset Management

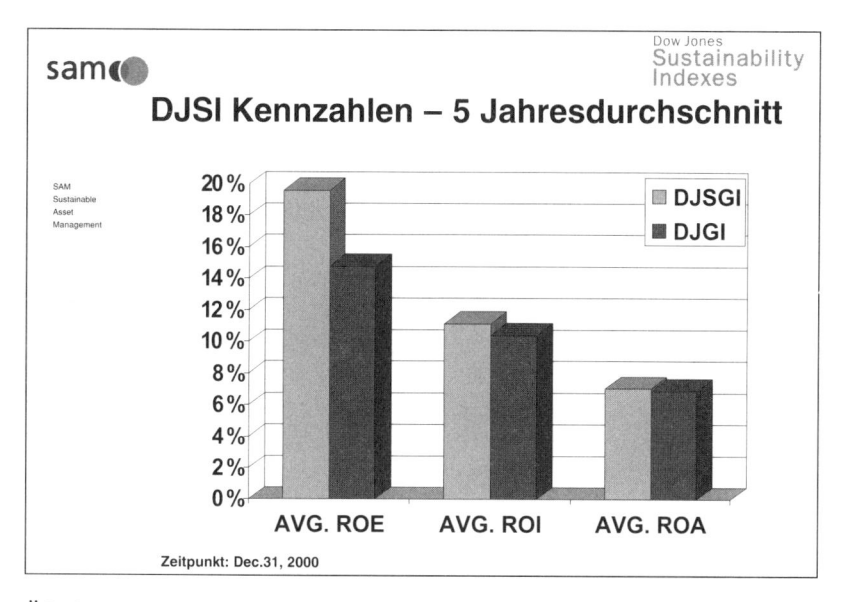

[Balkendiagramm: AVG. ROE, AVG. ROI, AVG. ROA mit DJSGI und DJGI; Skala 0% bis 20%]

Zeitpunkt: Dec.31, 2000

Ökologische Trends:
- Globale Klimaveränderungen mit ökologischen Instabilitäten
- Steigendes Risikobewusstsein in allen Gesellschaftsschichten
- Beeinträchtigung und Gefährdung der menschlichen Gesundheit und Lebensqualität durch steigende Umweltverschmutzung
- Verlust von Naturarten und Biosystemen (z.B. Regenwälder und Lebensspezien)
- Abnehmende Aufnahmefähigkeit von Natursystemen als natürliche Senken
- Wassermangel und ungenügende Wasserqualität

Sozio-kulturelle Trends:
- Globale gesellschaftliche Transparenz durch Medien und technische Vernetzung
- Gegenläufige sozio-demographische Veränderungen in entwickelter und unterentwickelter Welt
- Soziale Ungleichgewichte in entwickelter und unterentwickelter Welt
- Verstädterung
- Gesundheitsbewusstsein als wichtige Säule individueller Lebensstile

- Neue Lebensstile neuer und oft junger Konsumgruppen
- Steigendes Bewusstsein für Ungleichheiten, Menschenrechte und fehlende Entwicklungspotentiale

Ökonomische Trends:
- Rasante Geschwindigkeit kennzeichnet Produkte- und Innovationszyklen sowie Geschäftsbeziehungen
- Kontinuierliche Wissenssprünge und technologischer Fortschritt
- Information ist Erfolgsgrundlage strategischer Entscheidungen
- Technologische Vernetzung und Virtualisierung von Beziehungen aller Gesellschaftsgruppen
- Globalisierung und Liberalisierung der Wirtschaftsbeziehungen
- Zunehmender Einfluss von Unternehmen gegenüber Nationalstaaten
- Entwicklung vom Angebots- zu Nachfragemärkten

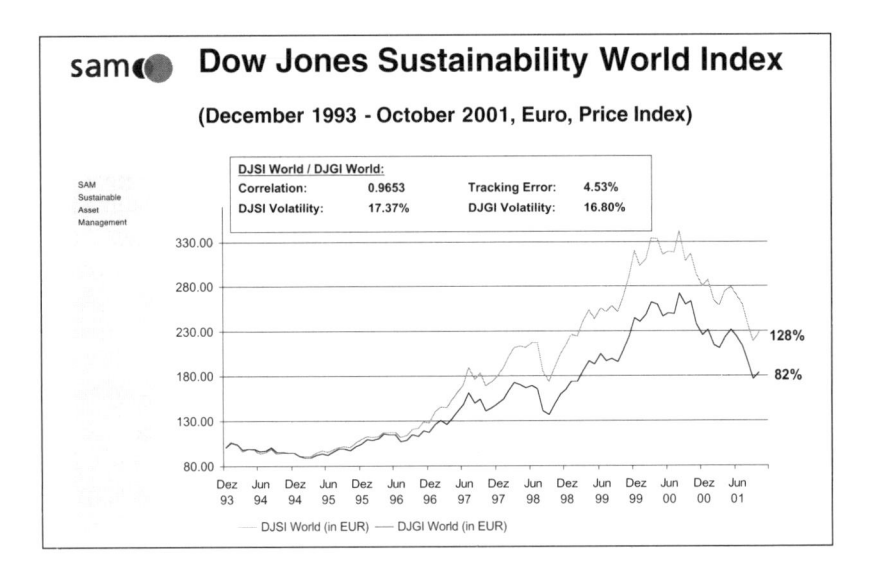

sam● Dow Jones Sustainability World Index

(December 1993 - October 2001, Euro, Price Index)

DJSI World / DJGI World:			
Correlation:	0.9653	Tracking Error:	4.53%
DJSI Volatility:	17.37%	DJGI Volatility:	16.80%

Michael Teige
Ethisches Investment aus Sicht einer Kirchenbank

Kirche als Wirtschaftssektor

Die Bedeutung der Arbeit von Kirche und Diakonie für die Gesellschaft und den Menschen ist unbestreitbar. Die Stellung dieses Sektors in der Wirtschaft wird jedoch oft unterschätzt. Insgesamt beschäftigt der Bereich der Kirche, Caritas und Diakonie in Deutschland ca. 1,3 Millionen Menschen. Dies entspricht etwa 3,5% aller Erwerbstätigen (37,5 Millionen). Die Betreuung dieses großen Bereiches wird von den elf Kirchenbanken – sowohl aus dem katholischen als auch evangelischen Bereich – wahrgenommen. Diese Kirchenbanken sind als Spezialbanken in den genossenschaftlichen Finanzverbund integriert, das heißt Mitgliedschaft in der genossenschaftlichen Sicherungseinrichtung und eine enge Zusammenarbeit mit den anderen genossenschaftlichen Instituten. Die Evangelische Kreditgenossenschaft eG (kurz EKK genannt[1]) ist eines dieser genossenschaftlichen Spezialinstitute, die den Bereich Kirche, Caritas und Diakonie betreuen.

Die Kirchenbank EKK

Die EKK ist im Vergleich zu den anderen Banken des genossenschaftlichen Sektors eine junge Bank. Gleichwohl schauen wir zu Beginn des neuen Jahrtausends auf eine mehr als 30-jährige Entwicklung zurück, die für unser Haus sehr erfolgreich verlaufen ist. Unsere Gründung erfolgte in der Gewissheit, dass nur eine finanziell starke und unabhängige Landeskirche das umfangreiche Spektrum diakonischer und gemeindlicher Aufgaben auf Dauer sicher gewährleisten kann. Doch niemand konnte damals ahnen, wie sehr sich diese Einschätzung wenige Jahrzehnte später bestätigen sollte: In einer Zeit

---
[1] Für weiterführende Informationen auch im Internet erreichbar unter: http://www.ekk.de

tiefgreifender wirtschaftlicher, demografischer und sozialer Umbrüche sind Staat und Kirchen verstärkt gefordert.

Dienstleistungen für die Kirche

Effiziente und nachhaltig erfolgreiche Arbeit zum Wohle der Gemeinschaft ist nicht ohne tragfähige finanzielle Basis möglich. Und zu deren Sicherung haben die Gründungsväter der EKK mit ihrem Mut und Weitblick einen wertvollen Beitrag geleistet. Die EKK stellt ihre Leistungen in den Dienst von Kirche und Diakonie. Mit einem Bilanzvolumen von fast 7 Milliarden D-Mark bietet sie im Gebiet von acht Landeskirchen[2] und in Österreich Institutionen, aber auch deren Mitarbeiterinnen und Mitarbeitern, am individuellen Bedarf ausgerichtete, kompetente Finanzberatung. Unser Engagement wird nicht nur von finanziellen Interessen gelenkt. Wichtig für uns ist die langfristige Stärkung des kirchlichen Sektors. Die Einrichtungen aus Kirche und Diakonie sind Mitglieder unserer genossenschaftlichen Bank und üben damit direkt Einfluss auf die Ziele der Bank aus. Ein ständig wachsender Kundenkreis belegt das Vertrauen, das wir als genossenschaftliche, am Prinzip der Solidarität orientierte Hausbank genießen. Dieses Vertrauen ist uns auch für die Zukunft Auftrag und Verpflichtung zugleich.

Warum ethische Geldanlagen?

Kirchen und kirchliche Einrichtungen sind bei der Ausgestaltung ihrer Anlagen nicht völlig frei in ihrer Entscheidung. Sie unterliegen Beschränkungen und Restriktionen, die ihnen durch Haushaltsordnungen, Kirchengesetze und zunehmend durch steigende ethische Ansprüche der Menschen vorgegeben werden. Die Investments sollen dabei natürlich möglichst rentabel sein, aber auch moralischen Anforderungen genügen. Sie müssen Erträge erwirtschaften, gleichzeitig soll das Engagement auch für gesellschaftliches Umdenken und

---

[2] Ev. Landeskirche in Baden, Ev. Landeskirche in Braunschweig, Ev.-luth. Landeskirche Hannovers, Ev. Kirche von Kurhessen-Waldeck, Ev. Kirche in Hessen-Nassau, Ev.-luth. Kirche in Thüringen, Ev. Kirche der Pfalz, Ev. Landeskirche in Württemberg.

neue Impulse genutzt werden. Dieser vermeintliche Zielkonflikt zwischen Ertrag und ethischem Anspruch ist in der Praxis durchaus lösbar. Es besteht dabei die Notwendigkeit ein Konzept zu entwickeln, das in dem wirtschaftlich dominierten Umfeld, in dem sich jeder Kapitalanleger bewegt, praktikabel ist. Als kirchliche Bank stehen wir hier in der besonderen Pflicht, solche Produkte zu entwickeln. Gleichzeitig ist es unsere Aufgabe Produkte zu schaffen, die die Bedürfnisse unserer Kunden erfüllen.

Historie ökologischer und ethischer Geldanlagen

Die Entwicklung spezieller Produkte für Kirche und Diakonie hat in der EKK eine lange Tradition. Als Meilenstein in der Entwicklung kann man den KD-Fonds Öko Invest nennen. Dieser ökologische Investmentfonds wurde bereits 1991 von der EKK initiiert. Das Interesse von Privatkunden an ökologischen Kapitalanlagen war in den Anfangsjahren eher bescheiden. Dies natürlich auch dadurch bedingt, dass die ersten Umweltfonds-Ansätze im Vergleich zu anderen Produkten nur unterdurchschnittliche Erträge mit ihren Investitionen erzielten. Aus diesem Grund wurden Öko-Fonds von Anlegern „klassischer" Produkte am Anfang auch eher gemieden. Für sie bedeutete der Kauf eines Öko-Fonds den Verzicht auf Rendite. Erst ab Mitte der 90er Jahre stieg das Interesse, bedingt auch durch ein höheres Umweltbewusstsein, deutlich an. Heute gehört der KD-Fonds Öko Invest zu einem der erfolgreichsten Ökologiefonds überhaupt. Auch im Performancevergleich mit anderen Aktienfonds schneidet er sehr gut ab.

Ein Ökologiefonds unterstützt zuerst einmal die Förderung einer lebenswerten Umwelt. Dabei kann man grob Ökoeffizienz- und Ökotechnologiefonds unterscheiden. Während die Ökoeffizienzfonds den besseren Umgang mit den Ressourcen im Unternehmen zum Ziel haben, soll ein Ökotechnologiefonds die Entwicklung neuer Technologien fördern. Welches Konzept das ökologisch bessere ist, wird wohl auch in Zukunft weiter diskutiert werden. Beide Fondsarten haben jedoch maßgebliche Impulse bei der öffentlichen Meinungsbildung geliefert und verteidigen damit ihren festen Platz im ökologischen Investment. Unbefriedigend für uns bleibt aber, dass kirchliche und ethische Ziele nicht oder nur in geringem Umfang berücksichtigt werden. Offen bleiben für uns wichtige Punkte, wie zum Beispiel:

- Wie verhalten sich die jeweiligen Firmen gegenüber ihren verschiedenen Anspruchsgruppen, beispielsweise Mitarbeitern, Kunden, Lieferanten, Aktionären, Teilhabern und der Gesellschaft?

- Fördern die Firmen durch ihr Engagement positive Entwicklungen oder sind sie ausschließlich reine Vertreter des kurzfristigen „Shareholder-Value"[3]?

- Liegt ihr Geschäftsfeld in Bereichen, die mit kirchlicher Ethik noch im Einklang stehen, oder sind sie primär mit der Erstellung von Leistungen für Rüstung, Glücksspiel oder Sucht beschäftigt?

Fazit: Obwohl die Auflegung eines ökologischen Fonds im Rückblick sinnvoll war, konnte er für den ethisch orientierten Anleger nur ein erster Schritt sein.

Warum Nachhaltigkeitsfonds?

Am Anfang stand eine Idee: Die Idee, ein innovatives Produkt zu gestalten, und dies speziell für Anleger aus dem diakonischen und kirchlichen Bereich. Wichtige Impulse kamen für unsere Bank daher unmittelbar aus unserem Kundenkreis. Als maßgeblicher Initiator sei hier stellvertretend für viele andere, Diplom-Ökonom Peter Stoll[4], zu nennen. Im weiteren Verlauf des Projektes wurden die anderen Kirchenbanken und die Evangelische Akademie Bad Boll in die Arbeitsgruppen mit eingeladen, um eine breitere gemeinsame Basis für die Zielfindung zu erreichen.

---

[3] Es bleibt anzumerken, dass der „Shareholder-Value"-Ansatz und soziale Ziele nicht konträr sein müssen und sich im Sinne eines Sustainability-Ansatzes durchaus ergänzen können. (Sustainability: englisch für nachhaltiges Wirtschaften.)
[4] Dezernent für Finanzmanagement und Informationstechnologie in der Kirchenleitung der Ev. Landeskirche in Württemberg.

Das gemeinsame Ziel war die Bildung eines praktikablen Konzeptes, das „alltagstauglich" die verschiedenen Anforderungen vereint. Das Produkt sollte sowohl erstklassige Ertrags- und Wachstumsperspektiven bieten und zusätzlich die Vision eines ethischen Produktes verwirklichen. Aus diesem Grund war auch bei der gesamten Konzeption echte Pionierarbeit zu leisten. Ein erstes Problem entstand mit dem Begriff Ethik.

So verschieden wie die jeweiligen Normen und Werte der Menschen einer Gesellschaft, so unterschiedlich sind die Inhalte, die mit dem Begriff Ethik verbunden werden. Ein Füllen dieses Begriffes mit Inhalten, so dass er jedem Anspruch genügt, ist daher schwer oder gar nicht zu verwirklichen. Eine Definition wird immer ein Kompromiss zwischen den verschiedenen Wertvorstellungen sein. Dennoch stellt eine klare Definition die Basis für ein intersubjektiv nachprüfbares Konzept dar. Damit besteht nicht permanent die Notwendigkeit, Einzelpositionen seitens des beauftragten Fonds-Managers zu prüfen. Als Fondsgesellschaft wurde die Union Investment GmbH, Frankfurt am Main ausgewählt, die über die beste Eignung im Projekt-Anforderungsprofil verfügte.

SAM Sustainability Group

In einem weiteren Schritt müssen Selektionskriterien, die für die Auswahl der Unternehmen notwendig sind, systematisch analysiert und bewertet werden. Für unsere Nachhaltigkeitsfonds wird diese Selektion von der SAM Group in Zusammenarbeit mit Dow Jones Corp.[5] vorgenommen. Dow Jones stellt dafür den Dow Jones Sustainability-Index (DGSGI) und verschiedene Sub-Indizes zur Verfügung.

Die Researcharbeiten zu den Einzelunternehmen werden dabei von SAM vorgenommen. Die SAM-Group[6] ermittelt hierfür die erforderlichen Daten im Unternehmen selbst, unter anderem durch Detail-Untersuchungen der relevanten Bereiche. Sie nutzt jedoch auch öffentliche Quellen wie Medienberichte oder Presseinformationen der

---

[5] Weitere Informationen auch im Internet unter http://www.dowjones.com.
[6] Weitere Informationen auch im Internet unter http://www.sam-group.ch.

Unternehmen. Auf diese Weise entsteht ein weitreichender Überblick der Firmen, mit dessen Hilfe eine Einordnung gemäß dem geforderten „Best-of-Class-Ansatz" überhaupt erst möglich ist.

Die von Dow Jones auf Basis der SAM Ratings erstellten Indizes decken derzeit die wichtigsten Kapitalmärkte der Welt ab. Zur Zeit besteht ein globaler Index, drei regionale Indizes (Nordamerika, Europa, Asien) und ein nationaler Index für die USA. Für jeden dieser Indizes bestehen zusätzliche Sub-Indizes, aus denen unerwünschte Titel herausgenommen werden. Dies bedeutet die Ausgliederung von Unternehmen, die überwiegend in der Rüstungsbranche, mit der Produktion von Alkohol oder Tabakwaren (suchterzeugende Mittel) oder dem Angebot von Glücksspielen tätig sind.

Die KCD-Union-Nachhaltig-Fonds

Die beiden Nachhaltig-Fonds, die in Kooperation der EKK mit anderen deutschen Kirchenbanken aufgelegt wurden, stellen eine konsequente Umsetzung dieser Produktidee dar. Um den unterschiedlichen Risikoneigungen der Anleger entgegenzukommen, wurde auf Kundenwunsch sowohl ein Aktienfonds als auch ein Rentenfonds aufgelegt. Damit kann jeder Anleger sein persönliches Verhältnis zwischen Renten- und Aktienquote selbst bestimmen. Besonders aufwendig war die Ausgestaltung der Fonds nach deutschem Recht. Sie mussten damit die besonders strengen Auflagen der deutschen Gesetzgebung und des Bundesaufsichtsamtes für das Kreditwesen erfüllen. Daher sind wir sehr zufrieden, diesem aufwendigen Prüfungsverfahren genügt zu haben. In diesem Zusammenhang fällt besonders auf, dass insbesondere andere im Bereich des Nachhaltigen Investments tätige Geschäftsbanken ihre Fonds nach dem weniger strengen Luxemburger Recht emittieren.

Hohe Ertragschancen bei höherer Volatilität im Aktienfonds

Der Aktienfonds investiert in international herausragende Aktien. Aufgrund der im Vorfeld beschriebenen Kriterien erfolgt die Auswahl der Titel durch die Investmentgesellschaft relativ unkompliziert.

Da durch die mehrstufige Vorauswahl schon ein Anlageuniversum aus ca. 231 Unternehmen, bei 61 Branchen und 25 Ländern geschaffen wurde, kann die Investmentgesellschaft ihre Auswahl rein nach Renditegesichtspunkten treffen. Sie hat in diesem Stadium nicht mehr zu bewerten oder zu entscheiden, ob ein Einzeltitel den ethischen Vorgaben entspricht oder nicht.

Erhöhte Sicherheit im Rentenfonds

Der Rentenfonds investiert in festverzinsliche Anleihen. Im Fall des Rentenfonds war die Beachtung der vorgegebenen Anlageziele etwas schwieriger zu erreichen. Unternehmensanleihen (Corporates) müssen den oben beschriebenen Sustainability- und Ausschlusskriterien genügen. Die Beschränkung des gesamten Fondsanlage-Universums auf internationale Unternehmensanleihen wäre im Hinblick auf das erhöhte Risiko bei Corporates jedoch für den sicherheitsorientierten Anleger zu risikoreich gewesen. Um diese Problematik zu reduzieren, wurde das Anlage-Universum erweitert. Aufgrund des Ausschlusskriteriums Rüstung fallen jedoch fast alle Staatsanleihen aus dem Anlagespektrum. Dies natürlich auch vor dem Hintergrund, dass eine Einstufung, welches Militär ethisch akzeptabel und welches nicht, von uns nicht vorgenommen werden kann. Für uns stellte sich hier die Frage, ob denn überhaupt Anleihen außer Corporates bleiben, die den SAM-Bedingungen, wie Rüstungsausschluss, genügen.

Diese Frage kann eindeutig positiv beantwortet werden: Zu nennen sind festverzinsliche Wertpapiere supranationaler Institutionen (zum Beispiel Weltbank; Europäische Entwicklungs Bank), Anleihen von Ländern und Städten, die kein Militär unterhalten (Anleihen deutscher Bundesländer oder vergleichbar staatlicher Gliederungen in den Ländern der EU, zum Beispiel das Land Hessen), Anleihen von Kommunen und kommunaler Unternehmen sowie Schuldverschreibungen von kirchlichen Banken oder Pfandbriefe von Hypothekenbanken, die beispielsweise der Finanzierung des privaten Hausbaus dienen.

Diese Anleihen können damit ohne Probleme in den Fonds aufgenommen werden. Als zusätzlicher Sicherheitsaspekt werden im Rentenfonds nur Anlagen in Euro vorgenommen. Fremdwährungsanleihen werden aufgrund des Devisenrisikos grundsätzlich ausgeschlossen. Um das Risiko weiter zu beschränken, werden nur Anleihen mit Investmentgrade-Qualität aufgenommen.

Ausblick

Der hohe Zuspruch in dieses Investmentfonds-Konzept zeigt uns, dass diese Idee von einer breiten Anlegerschaft mitgetragen und unterstützt wird. Der Erfolg ist für uns Motivation und Ansporn, auch weiterhin an neuen, innovativen Anlagemöglichkeiten im Bereich der „ethischen" Geldanlagen zu arbeiten.

Autorinnen und Autoren

Karin Bassler, Pfarrerin z.A. und Diplom-Kauffrau, Studienassistentin an der Evangelischen Akademie Bad Boll im Arbeitsbereich Wirtschaft und Arbeitsmarkt.
Kontakt: karin.bassler@ev-akademie-boll.de

Dr. Karen Bloomquist, Pfarrerin, Direktorin der Abteilung für Theologie und Studien, Lutherischer Weltbund, Genf.
Kontakt: kbl@lutheranworld.org

William Michael Cunningham, CEO, Creative Investment Research and Manager, Social Purpose Investing and Customer Education Board of Pensions, Evangelical Lutheran Church in America.
Kontakt: Wcunningham@elcabop.org

Alois Flatz, Betriebswirt, seit 1996 Leiter des Reserach bei SAM Sustainable Asset Management, Zollikon-Zürich, Schweiz.
Kontakt: alois@sam-group.com

Kirein Franck, Diplom Ökonom, leitet den Arbeitsbereich „Ethisches Investment" beim imug in Hannover.
Kontakt: franck@imug.de

Lars Friedner, Richter am Oberlandesgericht, Leiter des Büros für Kirchenrecht und Organisation der Kirche von Schweden, Uppsala.
Kontakt: lars.friedner@svenskakyrkan.se

Sonja Gebhard, Bankkauffrau, Handlungsbevollmächtigte, Betreuerin deutscher kirchlicher Anleger bei Bank Sarasin & Cie, Elisabethenstraße 62, CH-4002 Basel.
Kontakt: sonja.gebhard@sarasin.ch

Paul Gräsle, Dipl.-Ing. und Berufsschullehrer mit Technik, VWL und BWL; Sekretär für Gerechtigkeit, Frieden und Bewahrung der Schöpfung und Mitarbeit in vielen Gremien (auch für Finanzen) in der Evangelisch-methodistischen Kirche.
Kontakt: EmK.GFS.Graesle@t-online

Robert Haßler, Alleinvorstand der oekom research AG, München und Mitglied des Vorstands des Forums Nachhaltige Geldanlagen e.V., Berlin.
Kontakt: hassler@oekom.de.

Martinus Kuhlo, Pfarrer und Diplom-Volkswirt, Studienleiter an der der Evangelischen Akademie Bad Boll für den Arbeitsbereich Wirtschaft und Arbeitsmarkt.
Kontakt: martinus.kuhlo@ev-akademie-boll.de

Ernst Peter Langensand, Bereichsleiter Finanzen und Administration der Caritas Schweiz, Luzern.
Kontakt: elangensand@caritas.ch

Gert van Maanen, Jurist, bis 1993 Vorstandsmitglied der ING Bank, seit 1994 Geschäftsführer von Oikocredit, Amersfoort, Niederlande.
Kontakt: gvmaanen@oikocredit.org

Berti Meier, Abteilungsleiterin Rechnungswesen der Caritas Schweiz, Luzern.
Kontakt: bmeier@caritas.ch

Henry Schäfer, Professor Dr., Universität Stuttgart, Betriebswirtschaftliches Institut, Abt. III Allgemeine Betriebswirtschaftslehre und Finanzwirtschaft.
Kontakt: h.schaefer@po.uni-stuttgart.de

Russell Sparkes, is a Senior Fund Manager for the Central Finance Board of the Methodist Church, and of its affiliated company Epworth Investment Management, both specialists in ethical investment for churches and charities. He is also Secretary of the Joint Advisory Committee on the Ethics of Investment of the Methodist Church. He was a Director of the UK Social Investment Forum from 1995-97, and is the author of the book 'The Ethical Investor', (HarperCollins 1995).
Kontakt: russell.sparkes@cfbmethodistchurch.org.uk

Peter Stoll, Diplom-Ökonom, seit 1993 Dezernent für Finanzmanagement und Informationstechnologie in der Kirchenleitung der Evan-

gelischen Landeskirche in Württemberg, dem Evangelischen Oberkirchenrat Stuttgart.
Kontakt: Peter.Stoll@ELK-Wue.de

Michael Teige Dr., Dipl.-Kaufmann, Vorstandsmitglied der Evangelischen Kreditgenossenschaft Kassel eG (EKK).
Kontakt: Michael.Teige@ekk.de

Frank Wettlauffer, Diplomkaufmann, Leiter der Abteilung „Institutionelle Kunden Deutschland" bei Bank Sarasin & Cie, Elisabethenstraße 62, CH-4002 Basel.
Kontak: frank.wettlauffer@sarasin.ch

Sr. Mirjam Zahn, seit 1977 Schwester der Communität Christusbruderschaft Selbitz, Erzieherin, Betriebswirtin sgd, seit 1997 Vermögensverwalterin der Communität.
Kontakt: selbitz@christusbruderschaft.org